语文课本
中的知识精华

YU WEN KE BEN ZHONG DE
ZHI SHI JING HUA

语文课本中的科学知识

徐井才◎主编

北京出版集团公司

北京教育出版社

图书在版编目(CIP)数据

语文课本中的科学知识/徐井才主编.—北京:北京教育出版社,2012.7
(语文课本中的知识精华)
ISBN 978 - 7 - 5522 - 0765 - 1

Ⅰ.①语… Ⅱ.①徐… Ⅲ.①阅读课 - 小学 - 教学参考资料
Ⅳ.①G624.233

中国版本图书馆 CIP 数据核字(2012)第 151079 号

语文课本中的科学知识

徐井才　主编

*

北京出版集团公司
北京教育出版社　出版
(北京北三环中路 6 号)
邮政编码:100120
网址:www.bph.com.cn
北京出版集团公司总发行
全 国 各 地 书 店 经 销
永清县晔盛亚胶印有限公司印刷

*

710×1000　16 开本　14 印张　300000 字
2012 年 7 月第 1 版　2012 年 7 月第 1 次印刷

ISBN 978 - 7 - 5522 - 0765 - 1
定价:27.80 元

目录 *Contents*

◆ 神奇的物理知识

◆ 有趣的植物

自然界的启示

地质书简

最大的"书"

恐龙的灭绝

奇怪的大石头

飞向蓝天的恐龙

琥珀

参考答案

神奇的物理知识

地球爷爷的手

课文再现

《地球爷爷的手》是一篇科学童话故事，通过熟透的桃子会自己落地这一现象，深入浅出地向同学们介绍"地心引力"的科学常识，鼓励同学们留心身边的科学，激发同学们爱科学、学科学的兴趣。

小博士多多有话说 <<<<

同学们好，我是你们的小博士多多。读了《地球爷爷的手》这篇课文，相信大家对地球引力有一个初步的了解了。除了万有引力之外，我们在生活中还能经常遇到各种各样的力，比如浮力、压力等。那么，什么是浮力，什么是压力呢？今天小博士我就带你们去见识见识。

课外链接

阿基米德称王冠

阿基米德生活在两千多年前的古希腊。他不仅是一个以奇思怪想而闻名

于世的数学家和发明家，而且是一名非常有天赋的科学家，他甚至能够揭穿骗子的把戏。下面就是事情发生的经过。

一个国王给了金匠一些纯金，并让他制作一顶王冠。但是当国王拿到这顶王冠时，他听到了一些谣言——金匠偷了一些纯金，然后加了一点银子作为替代品。为了消除国王的疑虑，金匠保证说这顶王冠的重量与国王给他的纯金的重量是一样的。即便如此，国王知道肯定有什么地方不对劲，只是他没有办法证明。

于是，国王向阿基米德求助。他请阿基米德在不毁坏王冠的情况下，验证王冠到底是不是纯金的。阿基米德绞尽脑汁思考这个问题，却始终想不出解决的办法。

阿基米德沉醉在探索的快乐中忘记了一切！

有一天，当阿基米德坐在他的浴缸中时，他注意到他的身体越往水里沉，自己越觉得轻，浴缸中的水位就越高。这个现象使阿基米德想到了一个办法来验证王冠是否是纯金的。他跳出浴缸，跑到了镇子上，边跑边喊："找到了！找到了！"意思就是说："我找到答案了！我找到答案了！"他是那么兴奋，以至于竟然忘记了穿上衣服。

阿基米德想出了一个绝妙的主意。他知道金子要比相同体积的银子重，就像铝要比相同体积的黏土重一样。他想，如果一件银制的东西，例如王冠，与一件金制的东西一样重，那么这件银制的东西体积就应该大一些，它就会占更大的空间。如果将金银两件东西分别放入等量的水桶中，银制品所在的桶内水位应该比金制品升得更高。这个实验对金银混合物制成的王冠也同样适用。

阿基米德

阿基米德称量出与王冠等量的纯金条，然后将这些纯金条沉入水桶中，并在水位升高到的地方做了一个标记。如果这顶王冠是用纯金制成的，那么它就应该可以使水位达到相同的高度。但是，当把王冠沉入水中后，水位却比纯金条使水上升的高度还要高。这就意味着在制作王冠的过程中，纯金中肯定被掺入了一些银。也就是说，金匠欺骗了国王，他确实偷了一些金子。

阿基米德成功地解开了这个谜团。

1.阿基米德在浴缸中为什么会觉得自己轻了许多呢?

_____

_____

2.为什么在等质量的情况下,银子的体积会比金子的大呢?

_____

_____

我的小收获

> 　　阿基米德真是聪明,他利用水的浮力现象,分辨出了王冠的真假,我们从中还学习到了关于密度和体积的知识,获益匪浅。阿基米德的灵感来源于生活中的细心观察、认真思考,这一点也是值得我们学习的。

铁球为什么不分开

　　1654年的一天,德国东南部的雷根斯堡城轰动了:皇帝大驾光临,百姓倾城出动,为的是观看一个名叫盖利克的人的表演。

马德堡半球实验

广场上站立着16匹雄赳赳的骏马,分成左右两队,每队各8匹马。它们彼此背向排列,用铁链和绳索牵引着一个直径为25厘米的青铜空球。这个球是盖利克事先在当地铁匠铺定做的。它由两个半球合拢而成，两个半球的边缘做得十分平整，因此能紧密地合在一起而不会漏气。

气压的力量真大，你没想到吧?

表演开始了，盖利克先用抽气机将铜球内的空气抽光，然后他下命令给两边的马夫。只听得"啪啪"两声鞭响，左右两边的马夫拼命往前赶马，谁知这些骏马虽然使足了力气，但就是拉不开那由两个半球合在一起的青铜球。

皇帝和百姓们都看呆了。盖利克向大家解释说："这里面没有什么魔力，主要是铜球表面所受到的大气压力把它们紧紧压在一起，不信的话，把空气再放回到铜球里面去，使两边的压力相等，就很容易把铜球打开了。"说着，他用双手左右一拉，铜球确实打开了。

小博士多多考考你

1.是什么东西把那两个青铜半球紧紧地压在一起的?

_____

2.当青铜半球中重新拥有了空气，球就能很轻易地被拉开，你知道原因吗?

_____

_____

我的小收获

空气中什么也看不到，却有气压，真是太神奇了。只要是有大气的地方，气压就是存在的。当两个青铜半球中间被抽成真空之后，这个小空间之内就没有气压了，外面的大气压全部作用在两个半球上，使它们紧紧地合在了一起。如果两个半球中间拥有了气压，就很容易被分开了。

回声

课文再现

《回声》这篇科学童话向同学们展示了一个物理现象——回声，增加了同学们对大自然神秘现象的好奇心和求知欲，激发了同学们探索科学的兴趣。

小博士多多有话说 <<<<

大家好！我是小博士多多。在课文中，我们知道了什么是回声。回声不是发生之后就立刻消失，因些，聪明的人类还利用回声给我们带来了很多好处：人们可以利用回声探测水下目标，也可以利用回声检查产品质量，回声还可以帮助人们诊断疾病呢。更为神奇的是，英国男童萨缪尔·奥德里奇双目失明，却能够利用回声来看世界，回声的作用可真大啊！

课外链接

回声的妙用

当声音到达物体表面时，有一部分声音会被反射回去。如：在空旷的大礼堂里，我们大喊一声，声音到达墙壁被反射后，就会出现一个或几个同样的声音在回荡的现象。在深山峡谷里，这种现象会更加明显。我们把它叫做回声，也称为声音的反射。

发声体的周围总是有许许多多影响声音传播的障碍物，因而就有许许多多的回声，而这些回声到达人耳的时间只要比原声晚0.1秒以上，我们就能把回声和原声区分开来。通过计算可知，我们要听到回声，障碍物与声源的距离必须大于17米。

因此，我们可以利用回声做好多事情。比如利用超声波探测水下目标。频率高于2万赫兹的声音称为超声波，它在水中比光波和无线电波传播的距离都要远。受蝙蝠利用超声波导航的启示，人们制成了超声波雷达，又叫声呐。利用声呐可进行回

声呐探测

声定位，就是向水中定向发射超声波，根据回声到来的方位和时间确定反射物的位置。利用声呐既可以测定海洋的深度、冰山的距离、敌方潜水艇的远近，还能确定沉船、鱼群、暗礁的位置。目前，这种声波导航和测距技术被广泛应用到了科研、生产和国防上。

我们还可以利用回声检查产品质量。利用回声检查产品质量的技术叫做超声探伤，用专门的超声探伤仪对产品进行检测时，射入产品中的超声波遇到有裂纹的部位或杂质时会发生强烈的反射，据此可以确定裂纹或杂质的存在情况及其存在部位。超声探伤技术是测定金属、玻璃、陶瓷或汽车轮胎中是否存在缺陷的最好手段之一。

利用回声还能诊断疾病。"望、闻、问、切"是中医大夫诊断病情的四项措施，而其中的"闻"就是听，这是利用声音来诊断疾病的最早例子。现在，利

人类的智慧是无穷的力量。

用超声波可以既快又准地诊断出病人体内的病情。医生利用B超（即超声波扫描仪），向病人体内发射超声波，同时，B超接收并测量人体内脏器官反射回来的反射波，反射波所携带的病情信息通过处理后显示在屏幕上，这样就可以了解具体病情及病变的部位。

此外，利用回声还可以测量物体的速度。随着科学技术的高速发展，人们对回声的利用将会更加深入、广泛。

1.怎样才能产生回声？

_____

_____

2.回声对人类来说有什么样的作用？

_____

_____

我的小收获

　　回声是一种非常奇妙的现象，虽然很多人从来没有拿回声当回事，但是回声对人类产生了不可低估的作用。回声看似毫无用处，转瞬即逝，但是聪明的人类却利用回声做了很多有意义的事情，今后我也要开动脑筋，多多积累知识才行。

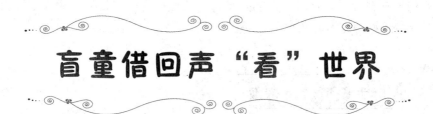

盲童借回声"看"世界

　　英国男童萨缪尔·奥德里奇双目失明，却能够像蝙蝠或海豚一样靠判断回声来"视物"，他甚至能够在车流如织的马路上骑自行车，他也因此被人们称做"海豚儿童"。

　　萨缪尔在母亲的帮助下，通过一家慈善机构认识了41岁的美国盲人丹尼尔·基什，基什创造了一种神奇的"回声定位法"，他能够像蝙蝠或海豚一样通过

想不到回声还可以充当人的眼睛。

判断回声来辨别物体。"回声定位法"通常是海豚或蝙蝠在寻找食物时使用的方法，它们可以在每秒钟内发出数百下"咔嗒"声，然后通过声音撞上物体后的回声来辨别猎物的位置。基什在孩提时代就因患癌症而失明，他是在偶然中发现了人类也可以通过"回声定位法"来辨别物体的。

海豚

基什称，由于人发出的声音相比蝙蝠或海豚发声的速度更慢、频率更低，所以人类只能通过"回声定位法"来识别体积更大的物体，而无法像蝙蝠那样可以识别出一只蚊子。

萨缪尔和基什共同生活了好几天，基什教萨缪尔如何通过舌头发出响亮的"咔嗒"声，然后如何辨别声音撞上前方物体后反射回的"回声"，并且如何在大脑中构建一幅虚拟的景物画面。

萨缪尔的母亲杰奎说："我们震惊地发现，双目失明的萨缪尔竟然能够在车流如织的马路上骑自行车！他能够通过'回声定位法'辨别前方的物体到底是一根电线杆还是一棵树。萨缪尔甚至还能带领其他盲人骑山地车进行旅游，到荒原中远足时，他能用语言清楚地描述周围的景色，就好像他能将这些景物看得一清二楚一样！"

由于萨缪尔走路时嘴巴中经常会发出响亮的"咔嗒"声，许多路人都感到很困惑。不过，当人们知道萨缪尔是个盲童，却能轻而易举地绕过停止的汽车或灯柱在街上行走时，他们几乎都不敢相信自己的眼睛。萨缪尔现在已经被当地人称做"海豚儿童"。

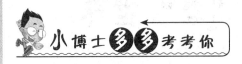

小博士多多考考你

1.海豚或蝙蝠是靠什么方法寻找食物的？

_____

_____

2.萨缪尔如何借用回声"看"世界？

_____

_____

我的小收获。

　　海豚或蝙蝠能利用超强的听力弥补视力的缺陷，用这样的办法来寻找食物。我们人类从这个现象中得到启示，创立"回声定位法"，帮助盲人们像海豚或蝙蝠一样能够利用回声"看"世界。看来，动物也能给我们带来不少的科学启发呢!

小小资料箱

为什么洗衣机能洗干净衣服

　　洗衣服是非常麻烦的活儿。手搓、棒捶、冲洗、绞干……要想把脏东西从衣服上"拽"下来，还真不是件容易的事。不过，洗衣机帮我们解决了烦恼。

　　那么，洗衣机是怎样洗干净衣服的呢? 就拿最常见的波轮式洗衣机来说，桶底波轮的旋转能带动水流，使衣服在水流中翻滚，这样，洗涤剂和衣服之间，衣服和衣服之间就会发生摩擦、碰撞，发挥类似人工搓洗、摔打的作用，让衣服上面的脏东西无所遁形，只能乖乖地被洗掉。另外，衣服在洗衣桶中飞旋，产生离心力，会把上面的脏东西进一步甩掉。这样，衣服很容易就被洗干净了。

我的影子

课文再现

《我的影子》课文中的小朋友向我们描述了一个有趣的现象——影子会随着物体的移动、光线的变化等因素产生不同的效果。

小博士多多有话说 <<<<< ·········

同学们好！我是小博士多多。光在同一种均匀介质中是沿着直线传播的，当光线遇到不透明物体后，就会在物体后面形成一个黑暗的区域，这个黑暗的区域就是影子。因为光的特殊性，它还会产生各种奇妙美丽的现象，如极光、海市蜃楼等。

课外链接

美丽的极光

在寒冷的南北两极附近的地区，人们仰望夜空，常常能见到五光十色、千姿百态的极光。

极光是一种光学现象，它五彩缤纷、形状不一、绮丽无比，在自然界中还没有哪种现象能与之相媲美。任何彩笔都很难描绘出那在严寒的极地空气中姿态万千、变幻莫测的炫目之光。

极光有时出现时间极短，犹如节日的焰火，在空中闪现一下就消失得无影无踪；有时却可以在苍穹之中辉映几个小时。它有时像一条彩带，有时像一团火焰，有时像一个五光十色的巨大银幕。有的色彩纷纭，变幻无穷；有的呈银白色，犹如棉絮、白云，凝固不变；有的异常光亮，掩去星月的光辉；有的又十分清淡，恍若一束青丝。有的结构单一，状如一弯弧光，呈现淡绿、微红的色调；有的犹如彩绸或缎带被抛向天空，上下飞舞、翻动；有的软如纱巾，随风飘动，呈现出绛紫、深红的色彩。有时极光出现在地平线上，犹如晨光曙色；有时极光如山茶吐艳，一片火红。有时极光聚集一起，犹如窗帘幔帐；有时它又射出许多光束，宛如孔雀开屏，蝶翼飞舞。

> 对极光无穷变幻的细致描写，突出了极光的美丽。

如果我们乘着宇宙飞船，越过地球的南北极上空，从遥远的太空向地球望去，会见到一个闪闪发亮的光环围绕地球磁极，这个环就叫做极光卵。由于它们向太阳的一边有点被压扁，而背对太阳的一边又稍稍被拉伸，因而呈现出卵一样的形状。极光卵处在连续不断的变化之中，时明时暗，时而向赤道方向伸展，时而又向极点方向收缩。处在午夜部分的光环显得最宽最明亮。

极光这般多姿多彩，如此变化万千，又出现在这样辽阔无垠的穹隆、漆黑寂静的寒夜和荒无人烟的南北极地区，能不令人心醉，不叫人神往？无怪乎在许许多多极地探险者和旅行家的笔记中，对极光的描写往往显得语竭词穷，只好说些"无法以言语形容"、"再也找不出合适的词句加以描绘"之类的话作为遁词。

是的，美丽、壮观、奇妙等字眼在极光面前均显得异常苍白无力，可以说，即使有生花妙笔也难以述说极光的神采、气势之万一。

极 光

1.极光是什么？

_____

_____

2.地球磁极附近的光环是什么？

_____

_____

我的小收获

极光千变万化，美丽异常，令无数人神往。而且随着科技的发展，人类探究出了极光的奥秘，原来这是太阳风和两极高层大气合作的结果。读完这个科学小故事，我真想一睹极光的美丽风采！

海市蜃楼

海市蜃楼是一种光学幻景，是地球上物体反射的光经大气折射而形成的虚像。海市蜃楼简称蜃景。

蜃景不仅能在海上、沙漠中产生，柏油马路上偶尔也会出现。海市蜃楼是光线经过密度不同的空气层时，发生显著折射造成的结果。蜃景的种类很多，根据它出现的位置相对于原物的方位，可以分为上蜃、下蜃和侧蜃；根据它与原物的对称关系，可以分为正蜃、侧蜃、顺蜃和反蜃；根据颜色可以分为彩色蜃景和非彩色蜃景等。

> 细致的分析，让我们对蜃景的形成及种类有了较全面的了解。

蜃景有两个特点：一是在同一地点重复出现，比如美国的阿拉斯加上空经常会出现蜃景；二是出现的时间一致，比如我国蓬莱的蜃景大多出现在每年的五六月份。自古以来，蜃景就为世人所关注。在西方神话中，蜃景被描绘成魔鬼的化身，是死亡和不幸的凶兆。我国古代则把蜃景看成是仙境，秦始皇、汉武帝曾率众前往蓬莱寻访仙境，还屡次派人去蓬莱寻访"长生不老药"。现代科学已经对大多数蜃景作出了正确解释，认为蜃景是地球上物体反射的光经大气折射而形成的虚像，是一种光学幻景。

蜃景与地理位置、地球物理条件以及那些地方在特定时间的气象特点有密切联系。气温的反常分布是大多数蜃景形成的气象条件。就拿夏蜃的形成来说吧，夏季沙漠中烈日当头，沙子被晒得灼热，因沙的比热小，温度上升极快，沙附近的下层空气温度很高，而上层空气的温度仍然

海市蜃楼

很低，这样就形成了气温的反常分布。由于热胀冷缩，接近沙子的下层热空气的密度小，而上层冷空气的密度大，如此一来，空气的折射率是下层小而上层大。因此，远处较高物体反射出来的光从上层较密空气进入下层较疏空气时被不断折射，其入射角逐渐增大，增大到等于临界角时发生全反射，这时，人要是逆着反射光线看去，就会看到下蜃。

柏油马路因路面颜色深，夏天在灼热阳光下吸热能力强，同样会在路面上空形成上层空气冷、密度大，而下层空气热、密度小的分布特征，所以也会形成下蜃。在海面或江面上，有时也会出现海市蜃楼景象。

小博士多多考考你

1.为什么会发生海市蜃楼的奇观呢?

_____

_____

2.海市蜃楼真的像人们传说的那么神秘吗?

_____

_____

我的小收获

> 　　海面上、江面上,甚至是柏油马路上,偶尔会在远方的天空看到另一个奇异的世界,那里可能有人、有马、有集市,这是什么呢?这就是我们所说的"海市蜃楼"现象。海市蜃楼究竟是怎么产生的呢?原来是光在不同密度的空气中传播产生的折射现象。同学们现在清楚海市蜃楼是怎么回事了吧?对,它就是一种特殊的光学现象,而不是古代人们传说的凶兆或者仙境。

壶盖为什么会动

课文再现

　　《壶盖为什么会动》是一篇记叙文，讲述了少年瓦特在家里看到火炉上的水开了，壶盖就会不住地跳动，他感到很好奇，进而进行研究，为后来发明蒸汽机作了铺垫。

小博士多多有话说 <<<<

　　大家好，我们又见面了，我是小博士多多。在《壶盖为什么会动》一文中，细心的瓦特发现了水烧开的时候壶盖会跳动这么一个细节，从而为蒸汽动力的运用起到了根本上的推动作用。我们国家曾经拥有很多蒸汽机车呢。蒸汽属于一种热动力，在这里，小博士我再给你们简单介绍一下关于热力学的知识。

课外链接

怀想蒸汽机车

　　蒸汽机车，顾名思义是以蒸汽为动力的机车。它巧妙地运用了英国人瓦特发明的蒸汽机技术，将蒸汽的热能转换为蒸汽机的机械能，从而带动并通过连杆推动车轮运转。在内燃机车、电力机车出现之前，蒸汽机车一统天下。

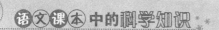
蒸汽机车以煤为燃料，炉膛里大火熊熊，被称为"火车头"，既形象又贴切。

世界上最先制造出的、在轨道上行走的、用蒸汽机驱动的蒸汽机车是英国人理查德·特雷维塞克于1802年左右制造的火车头。然而，因为当时的板式轨道承受不了机车的重量而断裂，机车失去控制，一头撞在了路边房屋的墙上，试验宣告失败。在此之前，理查德·特雷维塞克于1801年还制造了他的第一台能在一般道路上行驶的蒸汽动力车辆，并于1802年申请到专利权。有一次，他邀请了8位好友坐车出去兜风，行驶了8公里之后，到一家饭店坐下来饮威士忌、吃烤鹅，把停在一旁的蒸汽机车忘得一干二净，结果机车锅炉里的水被烧干，炉壁被烧红，引起了一场大火，将饭店和蒸汽车辆一并烧毁。

进入20世纪，采用过热蒸汽的蒸汽机车被迅速推广，这时的机车已向大蒸发量、大尺寸、大锅炉的大型化机车发展。蒸汽机车虽然经过了一百多年的发展，但运用的热效率只有6%左右，加上保养维修量大、污染严重、日运行里程短，因此逐渐被热效率高、运用率高的电力机车和柴油机车取代。美国于1960年、英国于1968年、法国于1972年、日本于1975年、德国和苏联均于1977年相继停止使用蒸汽机车。

中国拥有自己研制的蒸汽机车始于1952年，之前，中国大地上奔跑的机车，全是从英国、美国等国家进口的，因其车型复杂，被人们戏称为"万国机车博览会"。第一台解放型蒸汽机车的问世改变了这种局面，从此揭开了中国机车制造史上新的一页。

中国铁路蒸汽机车使用的时间之长，种类之多，效益之高，堪称世界之最，在长达一个多世纪的时间里为国家创造了巨大的经济效益。到1988年底，我国已累计拥有蒸汽机车1.4万多台，算是一个世界级蒸汽机车的大国了。随着社会现代化发展进程的加快，耗能小、污染小、牵引力大的电力和内燃机车已经成为我国铁路的主力军。2005年12月9日，我国历史上最后20台尚在正线运营的蒸汽机车，在内蒙集通铁路线上正式停运。自此，蒸汽机车正式退出中国的历史舞台。

小博士多多考考你

1.很多人认为蒸汽机车是瓦特发明的，是这样的吗？

_____

_____

2.为什么蒸汽机车退出了历史舞台？

_____

_____

我的小收获

　　阅读本文之后，我对蒸汽机的发展历程以及它在中国运输史上的地位有了比较深刻的了解。蒸汽机的广泛运用，曾经带动了整个世界文明的发展，但是，任何事物都有一个消亡的过程，随着新的电力机车和柴油机车的出现，蒸汽机车就逐渐被取代了。

蒸汽推动着火箭

　　一看题目，你一定会感到惊奇吧？也许你会问："怎么古老的蒸汽能推动火箭？"不错，蒸汽是人类最老的朋友。自从瓦特发明蒸汽机以来，至今已有两个世纪。在火力发电站里，在海轮上，压缩到100个大气压的强烈加热蒸汽推动着机器的曲柄，蒸汽转动着巨大的飞轮。到20世纪，人类进入电气时代，蒸汽在许多技术领域中被电所代替，到今天，人类又跃向了喷气式和原子核发动机时代。然而，一个新的问题又产生了：蒸汽作为动力源的可能性完全消失了吗？

　　在喷气技术时代，蒸汽就不能再找到任何新的应用吗？最近在国外一本杂志上登载了关于制作新型的蒸汽发动机的报导。这种发动机的推力不是由燃料的燃烧产生，而是由普通的蒸汽产生的。水蒸气发动机的装置非常简单：有一个和压缩空气的大气瓶相似的钢容器，装有带闭塞活门的膨胀喷口，容器上有3个充水孔，利用煤油或电来加热。加热时，水的温度增加到很高，同时炉内水的压力也增加。

　　如果打开闭塞活门，则加热的水力图冲出喷口，这时，蒸汽流的速度可

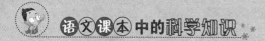
以达到很大，产生的反作用力可产生很大的动力。当然，发动机的作用时间很短，小于1分钟，因为容器中的蒸汽压力很快就会下降。但是，含有500公斤加热水的钢容器在最初10秒钟内能产生5吨的推力，而这种水蒸气火箭发动机和水一起的总重也不会超过800公斤。

你一定会问这种新型发动机能用于何处呢！据一位军事专家的预言，这种廉价的发动机将有远大的前景，它可装置在火箭上，制成水蒸气火箭。目前专家们正热烈地讨论着用它来制造飞机起飞加速器——水蒸气火箭起动器的问题。水蒸气火箭加速器可用来简化飞机的起飞，特别是对超音速轰炸机有着巨大意义，它可以大大减少飞机起飞降落的滑跑距离，将会成为机场上广泛应用的加速起飞设备。而这种用途的水蒸气火箭发动机将设在机站的小车上，以便移动。

小博士多多考考你

1. 蒸汽机是谁发明的？进入20世纪后，有哪些新的动力替代了蒸汽机？

_____

_____

2. 文中提到的新型发动机是怎样工作的？请用自己的话简要叙述。

_____

_____

我的小收获

　　通过阅读本文，我了解到，生活中随处可见的水居然蕴涵着如此巨大的能量。用蒸汽推动火箭作为动力，不仅成本低廉，而且还非常环保。在不久的将来，这种新型发动机技术一定会在生产和生活中得到广泛的应用。

奇异的激光

课文再现

《奇异的激光》是一篇介绍科普知识的文章，向我们描述了激光的特点，展现了激光在生活中起到的作用，文章运用举例子、作比较等说明方法，突出了激光的"奇异"所在。

小博士多多有话说 <<<<

同学们好！我是小博士多多。激光的问世是20世纪最重大的科学发现之一，它在种植业、军事、医疗等方面都有突出的贡献。另外，人类还创造了一项极为诱人的养鱼新技术——深海激光渔场养鱼。同学们，激光神奇吧？下面，多多将带领大家漫游神奇的激光世界。

课外链接

漫话神奇激光

1960年5月15日，在休斯公司的一个研究室里，年轻的美国物理学家梅曼正在进行一项重要的实验。他的实验装置里有一根人造红宝石棒。突然，一束深红色的亮光从装置中射出，它的亮度是太阳表面的4倍！这是一种完全新

激光

型的、科学家渴望多年而自然界中并不存在的光，它被命名为"laser"，是"通过受激发射光放大"的英文缩写，这就是激光。激光主要有四大特性：高亮度、高方向性、高单色性和能量密度极大。产生激光的装置被称为激光器。激光和激光器的问世，被认为是20世纪最重大的科学发现之一。

过去，人们还在为常温下的蔬菜保鲜绞尽脑汁，现在激光已经轻而易举地解决了这一问题。比如蔬菜远距离运输，装运前用激光扫描一次，十天八天蔬菜仍新鲜如常。原理很简单，激光能量大时就抑制了蔬菜生长，反之，其能量适合它的生长条件即可催生，由此"激光育种"又推广开了。

在医疗方面，激光也崭露头角。如果你患了近视又不愿意戴眼镜，激光可以解除你的烦恼。用激光做眼科手术既快捷又安全，激光束可以聚集到比针尖还小的范围内，丝毫不会损伤发病区以外的正常组织，而且手术的时间极短。如果患了胃结石、胃息肉，以往要开刀，现在只需从口腔

激光真是无所不能啊！

中插一根管子进入胃部，用激光将结石炸碎，将息肉烧掉，短期内即可痊愈。治疗肿瘤也是激光的拿手好戏。可以说，在众多医疗领域都有激光的贡献。

激光是站在当代科学技术前沿的新兴技术，同时也照亮了我们现代生活的各个方面。

小博士多多考考你

1.与普通的光相比，激光具有哪些特性？

_____

_____

2.激光有什么样的作用？

_____

_____

我的小收获

　　激光就是一种由受激发射的光产生的辐射。激光主要有四大特性：高亮度、高方向性、高单色性和能量密度极大。激光是一项伟大的发现，现在，它已经被广泛地应用于科技、军事、医学、生物等各个领域，为人类经济社会发展作出了非常大的贡献。相信在不久的将来，激光的运用会更加广泛。

激光渔场

　　一项极为诱人的养鱼新技术——深海激光渔场养鱼，已经在日本问世。

　　在深海养鱼，怎样把鱼儿围起来而不让其游散呢？其中的奥妙关系到一项重要而有趣的科学发现。

激光养鱼

　　根据科学实验，每隔12小时左右往深海发射一束激光脉冲，在激光照射过的水域内，可以围住65%的黄鲷鱼。于是，在科学家对这种方法进行不断改进后，激光束就像孙悟空的金箍棒一样，在深海划一个圈，就能圈住大部分的鱼了。

　　鱼的食物来源主要是多种微生物

和水生藻类，水下的氧气也是由藻类的光合作用产生的。科学家通过光纤将激光束输送到海洋深处，以促进深海藻类的光合作用，让其能在海底生长繁殖。

激光渔场不但可以养鱼，而且可以把鱼养得又多又大。因为激光除了可围住鱼类和促进藻类繁殖之外，它还是鱼儿的"助产士"和"医生"。实验表明，鱼卵受到激光照射后，孵化率可以提高；鱼受到激光照射后，则能加快生长速度。

> 激光渔场？从来没有听说过吧？

激光还是预防海洋污染的"哨兵"。赤潮是海洋鱼类的大敌，它是海洋浮游生物中个别种类突发性大量增殖的结果。利用激光及时掌握浮游生物的异常增殖情况，就可采取防治措施，防止可能发生的赤潮。

小博士多多考考你

1.激光渔场是怎样利用激光养鱼的？

_____

_____

2.激光在海洋领域还有什么作用？

_____

_____

我的小收获

> 激光应用是21世纪的一门新型学科，它给人类的生活带来了很多便利，而激光渔场是首兴于日本的一项新型养鱼技术，它利用激光的作用达到了科学养鱼的目的。在未来的日子里，激光将发挥出它更大的作用。

有趣的植物

植物妈妈有办法

课文再现

《植物妈妈有办法》是一首以自然常识为内容的诗歌，形象地介绍了蒲公英、苍耳、豌豆三种植物传播种子的方法。

小博士多多有话说 <<<<

同学们好！我是小博士多多，我将会带领好学的同学们探索植物世界的宝藏。从这些聪明的植物妈妈身上，我们会了解更多关于植物妈妈传播种子的方法。从这些有趣的课外知识中，我们会发现，很多难以解释的自然现象都会在植物妈妈这里找到答案呢。

其中，在种子宝宝的传播过程中，我们人类的功劳也是相当的大呢，同学们，你们相信吗？快来跟随多多畅游植物世界吧！

课外链接

种子的神奇旅行

人在植物种子传播过程中的作用是巨大的，谁也比不上。不管愿不愿

车前草

意，我们总是在帮助植物旅行。有的种子或果实非常微小，当你无意间踩上它们时，它们就粘或嵌在你的鞋缝里，你走多远，它就跟多远。当你略一顿足，它们就和尘土一起掉到了新的领地上。

车前草属车前科，是一种多年生小草。这种草在亚洲、欧洲都有好多种类，而美洲从前是没有车前草的，直到哥伦布航行至美洲后，那里才逐渐有了车前草。这是什么缘故呢？原来，哥伦布和他的队员们在欧州时，他们的鞋底粘上了车前草的种子，他们帮助车前草顺利到达了美洲。从欧洲到美洲要渡过大西洋，只有人才能把它们带去，靠风和鸟都办不到。就这样，车前草在美洲繁殖起来。车前草因此还添了个别名，叫"白种人的脚印"。

想不到哥伦布发现新大陆的同时，还帮助车前草繁殖了后代呢！

不过，上述传播应该只能算是人类被动传播植物的果实或种子。其实，人类更主要的贡献是主动传播。大家都知道人类在种植水稻和谷子时，总有两种杂草，一种叫稗草，主要"跟水稻走"，另一种叫谷莠子（即狗尾草），主要"跟谷子走"。人们在种植水稻和谷子这两种作物时，混在里面的两种杂草也一同生长，很难除尽。随着这两种作物栽培领域的扩展，两种杂草的生存领地也扩充了不少，这都是人类帮助传播的。

小博士多多考考你

1.车前草为什么还被称为"白种人的脚印"呢？

_____

_____

2.稗草和谷莠子的生长领域是怎样得以扩大的呢？

_____

_____

我的小收获

　　车前草是被哥伦布和他的队员带到美洲并在美洲繁殖起来的。稗草和谷莠子也是在人们种植水稻和谷子时顺带着播下的。读完本文，我才知道原来人类在传播植物种子这方面也有着如此巨大的贡献呢！

自力更生播种的植物

　　有些植物在传播果实和种子的过程中，不依赖任何外力，而是自力更生，令人称奇。

　　生长于非洲北部和欧洲南部的喷瓜属于葫芦科藤本植物，果实有些像黄瓜，但比黄瓜小。当它的果实成熟后，果实里充满黏性浆汁，浆汁里包含很多种子，由于浆汁不断在果实内部对果皮产生强大的压力，当果柄熟到撑不住而脱落时，浆汁马上从果柄脱落的洞口喷射出来，连带种子一起喷出去，如同小火山喷发，因此人们称其为"喷瓜"。

> 自然界真是无奇不有呀！

　　最有趣的是麦田里生长的野燕麦的种子，它能够自己"爬"进土里。野燕麦的种子外壳上长有一根长芒，会随着空气湿度的变化而发生旋转或伸直，种子就在长芒的不断伸曲中，一点一点地向前挪动，一旦碰到缝隙就会钻进去，第二年便会生根发芽。当然，野燕麦种子爬行的速度相当缓慢，一昼夜只能前进1厘米，即便如此，这种传播种子的本领也已经达到了登峰造极的地步。

　　大自然中的植物要生存发展，就

野燕麦

会想尽办法来繁衍自己的后代，于是在亿万年的进化过程中，每种植物都有"让自己的种子旅行"的特殊本领，使得种子可以广为传播，生生不息，这种奇异的现象令人类惊叹不已。

小博士多多考考你

1.喷瓜是靠什么方法传播种子的？

_____

_____

2.野燕麦是如何传播种子的？

_____

_____

我的小收获

读完这篇文章，我深深感受到了大自然的神奇。它让我看到植物在繁衍后代方面竟然有着如此多的本领和锲而不舍的精神。真是让人受益匪浅啊！

花钟

课文再现

《花钟》一文讲述了植物开花的时间与温度、湿度、光照有着密切的关系，不同种类的花的开花时间是不同的。一位植物学家曾有意把不同时间开放的花种在一起，组成一个别开生面的"花钟"。

小博士多多有话说 <<<<

嗨，大家好！我是小博士多多。同学们，你们在学习《花钟》之前，是否也发现了这个有趣的小秘密呢？其实，植物界的很多现象都是特别奇怪的，比方说，花儿为什么有不同的颜色？为什么会出现花粉过敏的现象呢？我想，同学们一定很想知道答案吧。那么，就请你们快快走进"课外链接"吧！

课外链接

花儿为什么有不同颜色

1992年前，科学家首先在蓝色的矢车菊中发现了花色素，后来，科学家又在红色的玫瑰中发现了同样的花色素，谜团由此产生：为什么一种花色素会产生两种不同的颜色呢？近一个世纪以来，科学家们一直试图解开这个谜团。

花色素是导致花儿具有不同颜色的主要原因。

日本九州大学的植物学家盐野征明领导的一个科学研究小组发现了新的理论，他们在《自然》杂志上报告说，答案就是"色素在矢车菊植物的细胞中形成了一种非同寻常的微胞"，也叫超分子。

他们发现，矢车菊中的色素形成一个大的分子联合体，这个联合体由6个花色素分子组成，它们又与另一个被称为黄酮的色素结合，然后又与另外4个金属离子结合在一起，其中包括一个铁离子、一个镁离子和两个钙离子。但是在玫瑰中，就没有这种超分子形成，所以同样的色素在这两种花中形成了不同的颜色。

各种颜色的花

对于那些红色、黄色和橙色的花，它们的花瓣里含有一种叫做"类胡萝卜素"的物质，而"类胡萝卜素"就有60多种。对于那些紫色、蓝色的花，它们的花瓣里含有一种叫做"花青素"的物质，它是一种有机色素，会随着环境的温度、酸碱度的变化而变化。例如紫色的牵牛花，在一天中，因为早晨和中午的温度不同，它的颜色也会发生变化。这些花朵为什么会有各种各样的颜色呢？是为了让人们观赏才变得如此五彩缤纷吗？不是的。实际上，在人类诞生之前，地球上就已经有很多花儿了。在生物界，一切生物为了自己的生存、繁衍，都要适应周围的环境，花儿也是这样。它们为了吸引蝴蝶、蜜蜂、蜻蜓等，以便靠这些动物帮助它们繁殖自己的后代，就将自己打扮得鲜艳夺目。当然，有些花儿还要靠自己的气味来吸引某些动物。花儿是美丽的，我们要特别爱护它们，精心培育它们，使我们的居住环境变得更加美丽。

小博士多多考考你

1.科学家们在研究花色素时产生了怎样一个谜团？

_____

_____

2.科学家们是如何解释"花儿为什么有不同颜色"这个问题的？

_____

_____

我的小收获

也许在此之前，没有人对花儿为什么有不同的颜色产生过疑问，科学家在蓝色的矢车菊中发现了花色素，后来又在红色的玫瑰中发现了同样的花色素，这是疑问的开始，也是揭开谜团的关键。这篇文章告诉我们，伟大的发现都是思考和智慧的结晶。

植物"气象员"

植物不仅供给人们氧气和果实，而且也可以预报天气。人们在生产过程中，观察到了一些植物预报天气的规律。

预报阴雨

天气晴朗时，南瓜蔓梢是向上翘起生长的。如果发现南瓜蔓梢下垂，那是天气转为阴雨的征兆；如果在阴雨连绵的天气里。南瓜蔓梢由下垂转为上翘，那就表明阴雨天气即将结束，晴朗的天气马上就会到来。南瓜蔓为什么能指示天气呢？原来，天气在变化时，南瓜有向阳性和向阴性，这是南瓜在进化过程中为了更好地适应天气保护自身所形成的特性。

原来南瓜蔓预报天气的本领是一种自我保护的天性！

风雨草生长在我国西双版纳的密林中，能预报风雨，它开花的习性很特殊，没有固定的时间。可每当暴风雨来临之前的两三天，它那小巧玲珑的花就开放了。而且暴风雨过后，它的花开得越发齐整和鲜艳，好像只有经过暴风雨的洗礼，才能显露其本色。

含羞草

"含羞草害羞，天将阴雨。"天气正常时，你用手指触动它的叶柄，叶子马上就会合拢，但是很快就会恢复常态。如果叶片自然下垂合拢，便是阴雨天气的征兆。

在秘鲁的安第斯山区生长着一种奇特的"晴雨花"，它的花瓣紧密无隙，吸水性和透气性都很弱。因此，每当下雨前气压低、空气中的水汽密度饱和时，花蕊低处的露珠也就消失了。这种现象是表明晴朗天气即将逝去，阴雨天马上就要到来。因此，当地居民将这种花称为"晴雨花"。

在炎热的夏季里，茅草的叶子和茎的交界处会冒出一小团水沫来，好像螃蟹吐沫那样，因此老百姓总结出"茅草叶柄吐沫，明天冒雨干活"的农谚。

空气湿度大时，松果的鳞片就会收缩，这是报告有雨。空气干燥时，松果的鳞片就会打开，这是预示天气即将由阴雨转为晴朗。大雨到来之前，气压急剧下降，水面上的压力减小，这时河底的青苔就会浮出水面，因此农谚云，"河里泛青苔，必有大雨来。"

预报温度

在瑞典的南部生长着一种名叫"三色鬼"的草，人们称它为"天然寒暑表"，因为这种草对温度的变化极为敏感。在20℃以上时，它的叶片都是向斜上方伸出；温度若降低到15℃时，枝叶就向下运动，直到与地面平行时为止；当温度下降到10℃时，枝叶向下弯曲，如果温度回升到原来的状况，叶片就会恢复到原状。

栗子树不但感觉灵敏，而且还能预测天气。进入冬季以后，在预测到有霜或下雪的坏天气将要来临时，它会提前几个星期长出芽来。研究证明，栗子树是在对夜间的时间长度进行"测量"之后预知严冬的到来。

在我国东北各省，农民喜欢在房前屋后或田边地头种植鬼子姜，用它的块茎来腌制咸菜。据观察，鬼子姜能准确预报初霜，在它开花10天左右，就要降第一场霜了，从而提醒农民做好防霜抗冻的准备工作。

1.《植物"气象员"》这个题目运用了什么修辞手法？有什么好处？

_____

_____

2.在这篇短文中，作者先后介绍了哪些可以预报天气的植物？

_____

_____

我的小收获。

　　事实上，预报天气的本领是植物在进化过程中，逐步形成的一些自我保护的本能，勤劳的人们发现了这些自然的奥秘，并用来指导生产和生活。通过本文的学习，我真切地体会到了大自然的神奇无比，我今后一定好好学习科学知识，以便将来探索大自然的无穷奥秘。

小小资料箱

冬虫夏草究竟是虫还是草？

　　要想知道答案，先来看看冬虫夏草的生长过程吧！每当盛夏，海拔3800米以上的雪山草甸上，冰雪消融，千千万万个蝙蝠蛾虫卵变成幼虫。这时，虫草的子囊孢子散落到蝙蝠蛾幼虫上，便在那里安家落户，它们吸取虫体内的营养，慢慢生长后吐出菌丝。受真菌感染的幼虫蠕动到土里死去，这就是"冬虫"。而幼虫体内的真菌继续生长，直至充满整个虫体。来年春末夏初，虫子的头部长出一个紫红色的菌核，顶端有菠萝状的囊壳，这就是"夏草"。这下明白了吧？冬虫夏草其实是一种寄生在蛾类幼虫虫体上的真菌。

动物的奥秘

蜜蜂

课文再现

　　《蜜蜂》是一篇科普说明文，讲的是法国昆虫学家法布尔为了证明蜜蜂有辨认方向的能力而做的一个实验，最后发现20只蜜蜂有17只都准确无误地飞回了家，它们靠的是一种无法解释的本能。

小博士多多有话说 <<<<

　　同学们好！我是小博士多多，我给大家解释的不是蜜蜂为什么有如此强的辨认方向的能力，而是蜜蜂另一种更为奇异的功能——识别并记忆不同的人脸。只有通过细心观察，我们才能发现小小的蜜蜂身上隐藏着更多的特异功能。就像那个11岁的小女孩一样，她通过细心的观察发现，蜜蜂不是靠翅膀振动发声……

课外链接

识别人脸本领强

　　在人们眼中，蜜蜂似乎都是一个模样。但在蜜蜂眼中，人却不尽相同。

蜜 蜂

科学家一项最新研究发现，蜜蜂可以识别并记忆不同的人脸。

辨识不同的面孔是人们日常生活中的重要功能。此前的研究发现，当我们注视另外一个人的脸时，大脑中一个特殊的区域——锤状回区域会变得活跃。但对于不具备这种专门结构的动物来说，它们能辨识不同的面孔吗？

人们知道蜜蜂分辨不同花朵的本领超强，英国剑桥大学视觉科学家阿德里安·戴尔就曾设想，蜜蜂这种辨识天分会不会也适用于其他目标。于是他和同事们设计实验，将4张不同人的大头照钉在木板上，以蔗糖溶液为诱饵，不断重复诱使蜜蜂飞近某一目标面孔，有时还会变换大头照的位置以加强训练。后来即使撤掉蔗糖溶液，蜜蜂还是会接近原先的目标面孔，其准确率高达90%。而且这张面孔在蜜蜂大脑中印象十分深刻，在接受训练后两天，蜜蜂仍能认出来。戴尔说，这一实验结果挑战了原有理论。原先的观点认为，大脑中有一个专门区域对于辨识面孔必不可少。人类也许是因为有一个复杂的、哺乳动物的大脑，但当我们在蜜蜂中实验之后，不得不承认简单的大脑也能行。

小小的蜜蜂能有如此高超的本领吗？

美国布朗大学神经学家迈克尔·塔尔评价说，这是一项极好的实验，它表明蜜蜂可能比大多数人想象的更聪明。但他认为，"实验中蜜蜂完成的任务可能和人类辨识面孔并没有多少关联，如果他们用的是土豆，或许也能得到同样的结果。"动物行为研究专家詹姆斯·古尔德对蜜蜂如何识别花朵进行过广泛研究，他认为，人类能够辨识不同面孔有着特殊的进化原因，而蜜蜂则是另外一个模式，对蜜蜂来说，人脸可能就是一朵"长相十分古怪的花"。

小博士多多考考你

1.哪位科学家认为蜜蜂也具备辨识人脸的天分？

_____

_____

2. 戴尔的实验结果挑战了原有理论，这里的"原有理论"指什么？请用自己的话叙述。

_____

_____

我的小收获

> 我们不知道，蜜蜂是把人脸当成一朵花儿，还是它们的脑子里本身就有着特殊的记忆功能。值得注意的是，人们在对蜜蜂进行识别人脸训练的时候，在人脸上涂了蔗糖溶液，蜜蜂能记住这张脸，很可能只是一种条件反射。但尽管如此，至少说明蜜蜂比我们想象的要聪明。

蜜蜂的欢叫

养蜂场

这一天，11岁的聂利来到养蜂场玩，发现许多蜜蜂聚集在蜂箱上，翅膀没有扇动，却仍然嗡嗡地叫个不停。她想起教科书和《十万个为什么》里关于蜜蜂等昆虫发声的原理，不由得产生了怀疑：为什么书上说蜜蜂的嗡嗡声来自翅膀的振动，每秒达200多次，如果翅膀停止振动，声音也就停止了。可现在蜜蜂的翅膀并没有振动，却仍然嗡嗡地叫个不停，这声音到底是哪儿来的呢？

她问老师，老师说书上说的怎么会错呢？于是

> 实践是检验真理的唯一标准。

她把蜜蜂的双翅用胶水粘在木板上，蜜蜂仍然发出声音。她干脆用剪刀剪去它的翅膀，蜜蜂仍然嗡嗡直叫。两种方法交替进行了42次，每次用去48只蜜蜂，结果和教科书的结论大相径庭。

为了探求蜜蜂发声的秘密，她把蜜蜂粘在木板上，用放大镜仔细查找。观察了一个月，她终于在蜜蜂双翅的根部发现了两粒比油菜籽还小的小黑点，蜜蜂鸣叫时，小黑点上下鼓动。她用大头针捅破小黑点，蜜蜂就不发声了。她又找来一些蜜蜂，不损伤翅膀，只刺破小黑点，结果蜜蜂飞来飞去，居然没有一点声音……

一年以后，聂利撰写了科学论文《蜜蜂不是靠翅膀振动发声的》，并在第十八届全国青少年科技创新大赛上荣获优秀科技项目银奖和高士其科普专项奖。

1.聂利为什么对"蜜蜂的嗡嗡声来自翅膀的振动"这一说法产生质疑？

_____

_____

2.根据文章思考一下，聂利为什么能发现蜜蜂发声的秘密？

_____

_____

我的小收获

以前我也一直以为蜜蜂的嗡嗡声是靠翅膀振动产生的呢，现在知道了，原来蜜蜂有着专门的发声器官，它就长在翅膀的根部。这位敢于质疑和勇于实践的小女孩非常值得我们学习，她凭着自己的努力，让我们知道了一个生物科学中的真相。

有趣的动物共栖现象

课文再现

《有趣的动物共栖现象》这篇课文，通过讲述三种生物的共栖现象，说明了共栖的原因，激发同学们阅读科普文章的兴趣。犀牛鸟能够啄食寄生在犀牛身上的昆虫和蛆卵，燕千鸟可以为鳄鱼剔牙，百舌鸟在金黄鼠的洞穴里产卵、孵化、育雏……它们朝夕与共，和睦相处，都能成为好朋友。

小博士多多有话说 <<<<

同学们好！我是小博士多多。我给你们解释一下，这里所说的"共栖"，指的就是两种生物生活在一起，对一方有利，对另一方也无害，或者对双方都有利，两者分开以后都能够独立生活。

有趣的动物共栖现象又何止上述那些动物呢，你还知道其他有共栖现象的动物吗？不知道没有关系，今天小博士我就带你们去见识见识。

课外链接

欧洲蓝蝶与蚂蚁

不论自然界还是人类社会，除了竞争，还有合作。

英国有一种叫做"欧洲蓝蝶"的美丽蝴蝶，特别爱和一种小蚂蚁交朋友，不，那简直就是生死之交。这种蓝蝶在幼虫阶段，腹部能分泌一种小蚂蚁非常爱吃的蜜露。这种蜜露不停地散发着香气，蚂蚁一旦闻到这种特殊的香味，便源源不断地爬到蓝蝶幼虫腹部上尽情享受。

当然，蚂蚁也知道"礼尚往来"。蚂蚁一旦发现蓝蝶在草地上产下卵块时，蚁王便立即派蚁兵将卵块看护起来，并派来工蚁帮助其孵化。孵化出来的幼虫最爱吃鲜嫩的树叶，蚂蚁会将它们搬到树叶上，并守护在旁，等它们吃完一片树叶时，众蚂蚁又将它们抬到另一片树叶上。寒冬来临，为了不让蓝蝶幼虫冻着，蚂蚁还会把它们搬进自己温暖舒适的蚁穴里。

> 成语的运用，将动物间的互助关系拟人化了。

蓝　蝶

这段时间，蓝蝶幼虫也不忘分泌出蜜露让蚂蚁吸食，蚂蚁也把它们自己那些快要僵死的幼虫奉献给蓝蝶幼虫作为食物。当春天的脚步响起时，蓝蝶幼虫变作茧蛹，并进而化为蝶，那一只只蓝蝶便在花红柳绿中蹁蹁跹跹，舞动轻盈美妙的身姿。

倘若蓝蝶的幼虫不能慷慨地为蚂蚁们提供蜜露，这种小蚂蚁就很难生存；同时，没有蚂蚁对蓝蝶卵块及其幼虫无微不至的关怀与照顾，蓝蝶的翩翩倩影也很难出现在暖春的晴空里。

小博士多多考考你

1. 为什么说欧洲蓝蝶和小蚂蚁的关系是一种"生死之交"？请用文中的原句回答。

_____

_____

2. 欧洲蓝蝶的幼虫得到了蚂蚁怎样的精心照顾？

_____

_____

我的小收获

蓝蝶幼虫与蚂蚁这种互相帮助、互相合作的情感深深地打动了我。在生活和学习中，我们也应该多与别人互相合作，争取达到一种对双方都有利的状态。

鲨鱼与向导鱼

鲨鱼

鲨鱼是海中霸王，凶残无比，鱼儿们都离它远远的，避之唯恐不及，以免惨遭杀戮。

可奇怪的是，在这个"魔王"的身旁，却有一种青色的背、白色的肚子、两边有黑色宽带般纵条纹的小鱼——向导鱼。它常常在鲨鱼身边游来游去，迅捷灵敏，一点儿也不怕鲨鱼。

这种长不过30多厘米的小鱼为什么不怕鲨鱼呢？原来，向导鱼专给鲨鱼做向导，自愿做它的"帮凶"、它的"奴才"。它经常把鲨鱼引向鱼群集结的海面，让鲨鱼饱餐一顿。向导鱼还不时进入鲨鱼的嘴里，啄食鲨鱼牙缝里的残屑，使鲨鱼感到很舒服。于是，鲨鱼和这个小同谋之间建立了一种奇妙的合作关系：鲨鱼靠向导鱼领路找食、清洁口腔；向导鱼靠鲨鱼来保护自己，靠鲨鱼吃剩的残屑过日子。

> 动物们也很聪明啊！

鲨鱼很赏识向导鱼，也乐意给它些残渣碎屑吃。向导鱼乐不可支，便更加为鲨鱼卖命。但偶尔，这殷勤的"奴才"也有犯错误的时候。比如说，向导鱼在一片珊瑚礁中发现了一群红色的石斑鱼，便领着鲨鱼前去。可石斑鱼有通过体内的色素细胞的胀缩来变色的本领，可以变得与周围的珊瑚浑然一色。结果，鲨鱼没有发现石斑鱼，以为向导鱼捉弄它，便要捕杀向导鱼。幸亏向导鱼身体灵活，才能溜之大吉。

不久之后，向导鱼会碰到另一条鲨鱼，然后做这条鲨鱼的向导。

像鲨鱼和向导鱼这样，以一定的关系生活在一起的现象，被动物学家叫做"共栖"。共栖在动物世界可不是凤毛麟角，而是普遍现象，尤以海洋生物居多。

1.向导鱼与鲨鱼之间有着怎样的密切关系？

_____

_____

2.结合你对短文的理解，说说什么叫做动物的"共栖"。

_____

_____

我的小收获。

鲨鱼是人们谈之色变的凶猛鱼类，可它却能与小小的向导鱼和平共处，而且互惠互利。这不禁让我深思：我们人类为何不能像它们那样，彼此互相合作、互相支持，共同走向辉煌呢？

活化石

课文再现

《活化石》向我们介绍了银杏树、大熊猫、中华鲟这三种稀有物种，它们被人类称为"活化石"。

小博士多多有话说 <<<<

同学们好！又到小博士多多我的时间了。课文向我们介绍了三种"活化石"，小朋友们，除此之外，你们还知道世界上有哪些"活化石"存在呢？我给大家介绍的是海底活化石——海柳和昆虫活化石——蟑螂，在这些古生物的生存故事中，我们一定会探寻到历史留给我们的更多痕迹。

课外链接

海底活化石——海柳

在台湾海峡海域生长着一种奇特的怪树，它形似树木，人称"海柳"。

相传，在台湾海峡有个小岛，岛上住着三兄弟，他们相依为命，过着穷苦的日子。一天清早，老大推开柴门，一下子惊呆了，门前突然间冒出一棵大树，

> 具有神秘色彩的活化石——海柳。

海柳

树杈上挂满了黄灿灿的金果子！老大觉得奇怪，放下水桶，轻轻一摇，金果子落了满地。"快来看啊，树上结出金元宝了！"老大赶紧叫人。财宝突然而至的当晚，好吃懒做的老二老三彻夜难眠，心里各自打着小算盘，盘算如何将其独占……两兄弟甚至为此互相残害。老大得知后，非常伤心，毅然拿起锄头刨掉了这棵摇钱树。大树倒地，瞬间狂风闪电不断，老大赶紧往屋里跑。风停了，老大推开门一看，摇钱树没了，那密匝匝的枝杈变成了一张结实的渔网，树干变成了一条崭新的渔船，从此，老大与大海相伴度过了一生……这棵传说中的摇钱树就是"海柳"。

　　古老的传说给海柳披上了一层神秘的色彩。海柳，人称"海底活化石"、"海底神木"，学名"黑珊瑚"，通常生长在水深30多米的海底岩石上，高大者达3~4米，寿命可长达数万年。它生长在深海暗礁上，以吸盘固定于海底礁石。海柳有着很强的吸附作用和变色功能，每当天气变化前，它光亮的表面会变得暗淡无光，有潮湿感，天气转晴时又恢复如初，有如"晴雨表"，被当地渔民称为"天然气象台"。

　　海柳含有鞣酸、水柳酸、碘等成分，有收敛杀菌的功效，是治疗单纯性甲状腺肿大的妙药。鲜海柳叶还可治疗高血压。民间用它煲鸡头内服可止血，煮汤吃能治腰痛，效果甚佳。历代本草如《唐本草》、《本草拾遗》、《本草纲目》和当地的《海药本草》等对海柳的药用价值均有记载。

小博士多多考考你

1.海柳为什么会被称为"海底活化石"和"天然气象台"？

_____

_____

2.海柳有什么样的药用功效？

_____

_____

我的小收获

　　海柳对人类的帮助可真大呀，它寿命很长，能够记录几万年的海洋变化信息，所以是"海底活化石"。又因为它有着特殊的对天气的感应功能，它还能够进行天气预报，实在太神奇啦！难怪在海上作业的渔民都对它有着特殊的情感呢。

昆虫活化石——蟑螂

　　你知道蟑螂有多长的生存历史吗？蟑螂在地球上已经生活了3.5亿年！蟑螂刚出现时，正是地球古生代的石炭纪，当时连恐龙都没有出现。

　　我们是怎样了解到蟑螂"家底"的呢？原来，科学家根据挖掘出土的古代化石发现了这一事实。由于昆虫的躯体比较小，很

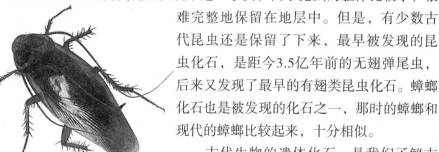
想不到小小的蟑螂竟有如此悠久的生存历史。

难完整地保留在地层中。但是，有少数古代昆虫还是保留了下来，最早被发现的昆虫化石，是距今3.5亿年前的无翅弹尾虫，后来又发现了最早的有翅类昆虫化石。蟑螂化石也是被发现的化石之一，那时的蟑螂和现代的蟑螂比较起来，十分相似。

　　古代生物的遗体化石，是我们了解古代生物及其演化的直接证据。可见，蟑螂确

蟑螂

实是极为古老的动物，对于研究昆虫的进化有重要意义，所以被称为"活化石"。

蟑螂的生命力极强，对环境的适应性很高，不吃不喝都能活十多天，就算脑袋被掐掉了，也能存活一周左右。它可吃的食物非常广泛，并且活动能力很强。国外曾有生物学家根据蟑螂的生态习性下了一个定论：如果一旦发生核爆，影响区域内的所有生物都会消失殆尽，只有蟑螂不会灭绝！

蟑螂的活动范围几乎无处不在，并且还经常携带一些病原体，影响人类的健康，它已经成了和鼠害等并列的四害之一。但蟑螂也有一定的益处，它能入药，能通利血脉、养阴生肌、提升免疫力、散结消积，甚至还对癌细胞有明显的抑制作用，对心血管疾病也有明显的疗效。

1.为什么说蟑螂的生命力强？

_____

_____

2.在我们的印象中，蟑螂是四害之一，它真的一无是处吗？

_____

_____

我的小收获

蟑螂是一种非常古老的生物，距今已有3.5年的历史，它的出现比恐龙还早呢。所以，蟑螂保留了很多远古生物的特征，这些特征记录了生物进化史中的很多秘密。蟑螂恐怕是现今地球上生存时间最长的物种了，所以它是当之无愧的活化石。

鲸

课文再现

　　《鲸》是一篇常识性说明文，介绍了鲸的形体特征、进化过程、种类和生活习性等方面的知识。课文既展现了一幅幅关于鲸的生动画面，也向同学们开启了一扇探索动物世界的科学之门。

小博士多多有话说 <<<<

　　大家好！我是小博士多多。在课文中，我们知道了鲸的一些进化历史、形体、生活习性等方面的知识。除了文中介绍的有关鲸的知识以外，你还知道哪些有关鲸的知识呢？不如就让小博士我给你们讲一点儿有关鲸的知识吧！

课外链接

世界上最大的动物

　　蓝鲸不但是最大的鲸类，而且比地球上曾经生活过的最大的恐龙还要大，是目前人们所知道的自古至今所有动物中体型最大的。成年蓝鲸一般体长为24~34米，体重为150~200吨，也就是说，它的体重相

　　用数据说话，让这篇说明文更具有说服力。

当于25头以上的非洲象，或者2000~3000个人的重量的总和。所幸的是，由于海洋浮力的作用，它不需要像陆生动物那样费力地支撑自己的体重，另外，庞大的身躯还有助于蓝鲸保持恒定的体温。

蓝鲸全身体表均呈淡蓝色或鼠灰色，背部有淡色的细碎斑

蓝 鲸

纹，胸部有白色的斑点，褶沟在20条以上，腹部也布满褶皱，长达脐部，并带有赭石色的黄斑。雌兽在生殖孔两侧有乳沟，内有细长的乳头。头相对较小而且扁平，头顶上还有两个喷气孔。蓝鲸吻宽，口大，嘴里没有牙齿，上颌宽，向上凸起呈弧形，生有黑色的须板，每侧多达300~400枚。在其耳膜内每年都积存有很多蜡，根据蜡的厚度，可以判断它的年龄。在它的上颌部还有一块白色的胼胝，也就是我们常说的"死皮"。由于这块"死皮"在每个个体上都不相同，就像是戴着不同形状的"帽子"，所以可以据此区分不同的个体。蓝鲸的背鳍特别短小，其长度不及体长的1.5%；鳍肢也不算太长，约为4米；尾巴宽阔而扁平。蓝鲸的整个身体呈流线形，看起来很像一把剃刀，所以又被称为"剃刀鲸"。

蓝鲸栖息的海湾大多由陆地的河水中冲入了极为丰富的有机质，使水质富含养分，促进了浮游生物的大量繁殖。而密集的浮游生物又引来了身体闪耀着钻蓝色光芒的大群磷虾。不可思议的是，蓝鲸这种超大型的动物竟然就是以磷虾这种微小的动物为主要食料的。它的胃分成四个，第一个胃为食道部分膨大而变成的，其食量极大，一次可以吞食磷虾约200万只，每天要吃掉4~8吨，如果其腹中的食物少于2吨，就会有饥饿的感觉。磷虾是全世界数量最多的动物，广泛分布于南北极海区，正是由于有如此丰富的食物，而且生活在水里没有支持体重的限制，蓝鲸才得以发育得这样巨大。蓝鲸每天大部分时间都张开大口，游弋于稠密的浮游生物丛中，它嘴巴上的两排板状的须像筛子一样，肚子里还有很多像手风琴的风箱一样的褶皱，既能扩大又能缩小，这样它就可以将海水和磷虾一齐吞下，然后嘴巴一闭，将海水从须缝里排出，滤下小虾小鱼，吞而食之。蓝鲸的食物还有其他虾类、小鱼、水母、硅藻，以及各种浮游生物等。相比之下，生活在北方

海域的蓝鲸,体型比生活于南极附近水域的要小,科学家认为这与其食物的种类和数量有着密切的关系。

蓝鲸虽然生活在大海里,但也同其他哺乳动物一样用肺进行呼吸,它的肺重达1吨多,能容纳1000多升的空气。这样大的肺容量,使它呼吸的次数大大减少,大约每隔10~15分钟才露出水面呼吸一次。每当它的头部露出水面呼吸时,先将体内的二氧化碳等废气排出体外,这股强有力的灼热气流冲出鼻孔时,喷射的高度可达10米左右,能把附近的海水也一起卷出海面,使蓝色的海面上出现一股蔚为壮观的水柱,远远望去,宛如一股海上喷泉,同时还发出犹如火车的汽笛一般响亮的声音,人们称之为"喷潮"。人们可以根据蓝鲸喷气时发出的声音、喷潮的高度和形状,来确定它的位置。

小博士多多考考你

1.我们怎样判断蓝鲸的年龄?

_____

_____

2.蓝鲸为什么发育得这么庞大?

_____

_____

我的小收获

　　说到世界上最大的动物,也许很多人都认为是几亿年前生存在地球上的恐龙,错!是生存于海洋中的蓝鲸。蓝鲸的体重相当于25头以上的非洲象,由于生活在水中,它不必像陆生动物那样承担庞大的体重。在这篇文章中,我们学到了更多的关于蓝鲸的知识,同学们,你们还知道关于蓝鲸的什么秘密吗?

鲸"自杀"之谜

搁浅的鲸

1984年3月上旬，在新西兰奥克兰海边，发生了一场鲸群自杀的悲剧。一头幼鲸偏离鲸群后搁浅在海滩，同群的143头圆头鲸冲上浅滩奋力相救。尽管奥克兰的驻军和当地居民闻讯后连续一天一夜紧急援救，然而只有60多头巨鲸被送回海里，其余则全困死在海滩上。新西兰渔业部的专家说，鲸有一种不可思议的互助性，一旦它们当中的某个成员遇险，其他成员个个都奋力救助。

在我国福建福鼎县也发生过鲸群自杀的悲剧。1985年12月12日早晨，一头十余米长的抹香鲸被渔网围住，这头海兽拼命翻滚吼叫，无奈被渔网紧紧缠住，动弹不得。与此同时，渔民发现两三海里外波涛翻滚，一群抹香鲸正向这边游来。鲸群在被围抹香鲸周围游弋，并用身体隔网摩擦被围同伴，以示安慰，同时横冲直撞，攻击渔船，显得非常愤怒。渔船在鲸群攻击之下，上下颠簸，几乎要翻掉，渔民们惊恐万状。3个多小时后，海水退潮，鲸群全部搁浅，横卧海滩，200多头2~5米长的抹香鲸，全部毙命。

据英国博物馆统计，自1913年以来，有案可查的鲸类自杀，总数已超过1万头。记录还表明，各种鲸类都发生过集群自杀悲剧。虽然科学家们对鲸群自杀事件格外关注，但到底是什么原因造成的，人们不得而知。目前，科学家们对鲸群自杀的原因，有如下几

这段文字起着承上启下的作用，从案例介绍转入到原因解释，过渡自然。

种解释：

美国动物学家格渥德教授认为，鲸类是一种眷恋性很强的水生哺乳动物，尽管它们常常羞怯到令人惊讶的程度，但仍有足够的勇气去拯救其受害同伴。这位教授认为，鲸群是为救援同伴而牺牲的。

美国动物学家沃尔森也持类同看法，不过他说得更详细，他认为：一头鲸遇难，能通过定向声纳系统发出求救信号，使其他同伴迅速赶来，奋力相救，只要有一个同类没有脱险，鲸群在任何情况下都不忍离去。这是鲸类亿万年种群生活方式造成的保护同类的本能。

美国地球生物学家金斯彻维克却另有一种看法。他认为：鲸类如同鸟类、鱼类一样，利用地磁场来决定其迁徙途径，大多数种类迁徙时，似遵循于磁力低地而避开磁力高地，这可能是由于磁力低地较为省力。因此，鲸类是受磁力低路的影响，顺着这些磁力低路前进时搁浅在海滩上的。

其他一些科学家虽然说法不同，但基本观点没有脱离以上几种。尽管专家们作了大量研究，积累了大量资料，但仍然众说纷纭。可以说，迄今为止，还没有真正解开鲸群自杀的奥秘。

1.鲸的互助性表现在哪里？

_____

_____

2.鲸的保护同伴的本能是怎么来的？

_____

_____

我的小收获

鲸的集体自杀实在是一件令人惋惜的事情，人类至今还无法了解其真正原因。但鲸的集体死亡并非都与人类活动无关，我们首先应该对自己作出检讨，不要为了自己的利益而捕杀鲸。

手上的皮肤

课文再现

《手上的皮肤》这篇课文生动地介绍了手上的皮肤、纹路和褶皱、指纹、指甲等，通过对课文的学习，同学们了解了手的用途和特点，从而感受到手的奇妙，更加珍爱我们的手。

小博士多多有话说 <<<<

同学们好！我是小博士多多。关于手的知识，课文中已为我们介绍了一些，还有哪些是我们不知道的呢？下面就让我带领大家重新认识一下你的指甲，看看在我们熟悉的指甲上，是否还存在着我们并不知道的秘密。对于课文中提到的手的纹路问题，大家想一探究竟吗？在学识渊博的小博士多多这里，你会找到满意的答案。

课外链接

重新认识你的指甲

也许你总是有那么一时半会儿的空闲，不经意间轻轻把玩你的小手，然而，你注意到了吗？小小的一片指甲，里面其实隐藏了不少大学问呢，你都

手上的指甲

知道吗？

指甲是区别包括人类在内的灵长类动物和其他动物的诸多特征之一。指甲作为皮肤的附件，有着特定的功能。首先它有盾牌作用，能保护末节指腹免受损伤，维护其稳定性，增强手指触觉的敏感性；协助手进行抓、夹、捏、挤等动作；甲床血供丰富，有调节末梢供血和体温的作用。其次，指甲又是手部美容的重点，漂亮的指甲能增添女性的魅力。

化石证据表明：大约在250万年前，早期人类首先捡起石头当工具，与此同时，我们的祖先较其他早期灵长类动物更早地进化出了宽大的指尖。

指甲、骨骼及牙齿是人体三种最坚硬的组织，部分原因是它们所含的水分少，大约只有10%。不过，指甲是能吸收水分的，如果浸在水里，指甲所含水分会大量增加，从而变软。

科学界目前还不清楚人类出现指甲是为了适应宽大的指尖还是因失去爪子所产生的副作用。但现在看起来，人类在进化过程中保留指甲至少有一个原因，那就是，它们能充当人体健康的晴雨表。比如，营养不良能改变指甲的颜色，而指甲上的小凹陷则是牛皮癣的征兆。

> 指甲能够显示人体健康状况。

指甲每月大约长2.5毫米，整个指甲4~5个月就能全部更新。常用的那只手上的指甲要比另一只手上的指甲长得快，如果你是左撇子，你的左手指甲就长得快。另外，中指的指甲要比别的指甲长得快。

小博士多多考考你

1.人类比其他灵长类动物更早进化出宽大指尖的原因是什么？

_____

_____

2.指甲的作用是什么？

_____

_____

独一无二的指纹

两个人指纹相同的概率小得几乎等于零，在1000万亿亿人中才可能出现两个指纹完全一样的人。所以我们完全有理由说，就像不存在两片相同的雪花一样，世界上也不存在两个指纹相同的人。因此，如果警察在犯罪现场找到罪犯留下的指纹，而它又和某一指纹档案中的指纹相吻合，那就立刻能确定罪犯的身份了。

指纹用于辨别、确定人的身份，已经有很长的历史了。好几百年前，中国人就以按指印来签署文件或契约，这也许比签名更保险，因为它是无法伪造的。第一个利用指纹来有系统地辨认人的身份的是英国人威廉·赫谢尔，那是1850年前后，当时他是驻印度的英国政府官员。赫谢尔对印度人经常相互冒名顶替感到十分头疼，于是他就想到了用指纹来确定每个人的身份。他的措施立刻就奏效了，再也没人能够浑水摸鱼，隐瞒自己的身份了。

精确的数据分析，更加说明了指纹的独一无二。

但是仍然没人想到用验证指纹的方法与犯罪行为作斗争，直到40多年之后的1896年，英国人弗朗西斯·哥尔顿爵士研究出了一整套利用指纹来确定罪犯的方法，这一方法一直沿用到今天。

弗朗西斯根据指纹的不同形状，将其划分成三大类：弓形指纹、簸箕形指纹和

指纹

斗形指纹。这样，在验证一个人的指纹时，只需在同一类型的指纹档案中核对，而不必将所有的指纹记录都核对一遍。

当警探们检查一个犯罪现场的时候，幸运的话能发现肉眼可见的指纹，如沾了血迹或油污后留在物件上的指纹，这样他们只需拍摄下指纹的照片就行了。但更多的时候，指纹是隐蔽或难以分辨的。对这样的指纹有两种方法能将它们变得清晰可见。如果指纹是印在硬物上的，如木质或金属物件，就可以在上面洒一些极细的粉末，然后用柔软的小毛刷轻轻刷几下，这样，留在物件上的粉末就能将指纹显现出来。如果指纹留在较软的物品上，例如纸张上，那就要用含碘或银的化合物使其显影。

有一种很厉害的化合物二氢茚三酮，它能将数年前留在物品上的指纹显现出来。

指纹鉴别还有别的用途，比如验证丧失记忆人的身份；查明不明死者的身份，等等。由于刚出生的婴儿指纹尚未发育完全，医院为了保证婴儿不会被调包，就采取了留取脚纹的办法。要知道，脚纹在人刚出世时就已经是完整的，而且和指纹一样，也是独一无二的！

1.阅读了这篇文章，你知道人的指纹可以分为哪几类吗？

_____

2.依照本文概括一下，人的指纹都有哪些作用？

_____

我的小收获

　　通过这篇文章，我知道了我们人类指纹的特别之处。指纹运用才不过发展了一百多年，就已经在鉴别身份和刑事侦探等方面起到了重要作用，如今提取指纹的方法也更加科学化了。看来，指纹对我们来说，确实意义非凡。

现代科技之光

火车的故事

课文再现

　　《火车的故事》是一篇介绍火车种类的常识性课文，分别向我们介绍了蒸汽机车、内燃机车、电力火车、磁悬浮火车，以及火车提速、修建青藏铁路等有关我国铁路建设的成就，展现了我国铁路建设迅速发展的大好形势，激发了同学们学科学、爱科学的兴趣。

小博士多多有话说 <<<<

　　大家好！我是小博士多多，课文向同学们介绍了各种各样的火车，激发了大家的兴趣。我会给大家介绍更多的新型火车。同学们，你们想知道磁悬浮列车是怎样工作的吗？你们知道什么叫旅游列车吗？在我小博士多多的带领下，一定会让大家对火车的故事了解得更加透彻。

课外链接

磁悬浮列车

　　高速磁悬浮列车是一种新型的轨道交通工具，是对传统轮轨铁路技术的一次全面革新。它不使用机械力，而是主要依靠电磁力使车体浮离轨道，就像一架超低空飞机贴近特殊的轨道运行。磁悬浮列车整个运行过程是在无接触、无摩擦的状态下实现高速行驶，因而具有"地面飞行器"、"超低空飞机"的美称。

磁悬浮列车上装有超导磁铁，铁路底部则安装线圈。通电以后，地面线圈产生的磁场极性与列车上的电磁体极性总保持相同，两者同性相斥，使列车悬浮起来。铁轨两侧也装有线圈，交流电使线圈变为电磁体。它与列车上的磁铁相互作用，使列车前进。运行时，车体与轨道保持一定的间隙，一般为1厘米至10厘米。

> 几个简单的描述，就让我们对磁悬浮列车的工作原理有了初步的了解。

磁悬浮列车

磁悬浮列车最大的优点在于维修保养。由于列车是悬浮着前进的，和地面没有接触，因此它不需要什么运转的零件，从而也就没有什么部件会发生损耗。这就意味着从理论上来说，列车和轨道都根本不需要维修保养。第二个优点是：因为列车悬浮着，也就没有摩擦力，行驶速度快。需要注意的是，空气阻力依然存在。第三个优点是噪音小。因为没有滚动的车轮，也就不会产生车轮滚动的噪音。但是由于空气的阻碍，还是会发出较小的噪音。由于前面所述三个原因，使磁悬浮列车能达到极快的行驶速度，大约每小时500公里。

小博士多多考考你

1.磁悬浮列车为什么具有"地面飞行器"、"超低空飞机"的美称？

_____

_____

2.磁悬浮列车的优点是什么？

_____

_____

我的小收获

> 磁悬浮列车不像其他交通工具一样与地面或者轨道接触，它主要依靠电磁力使车体浮离轨道，整个运行过程是在无接触、无摩擦的状态下实现高速行驶的，因此摩擦力小，行驶速度快，好保养，是一种先进的新型交通工具。读完本文，我对科学知识产生了更加浓厚的兴趣。

别开生面的旅游列车

随着世界旅游事业的发展，国外铁路部门为了适应旅游者的需求，增设了不少富有特色的旅游列车。

观赏型。瑞士的一列冰河铁路快车，运行在崇山峻岭之间，深受游客的欢迎和赞赏。在旅途中，无论春夏秋冬，旅客都可观赏沿途的湖光山色。有冰雪时，可以观赏白雪皑皑的山岭和气势雄伟的冰河；在雪化冰融之后，可以游览迷人的山林、岩石和湖泊。在风景特别优美的景点，列车会慢行或停留片刻，以满足人们的欣赏需求。在长达8小时的行程中，游客完全沉浸在大自然美的享受之中。

> 真是别开生面的旅游列车！

猎奇型。肯尼亚有一条穿行在"百兽园"中的铁路，列车在途经首都内罗毕郊区的野生动物园时，人们凭窗眺望，可以看到成群的长颈鹿、羚羊、斑马和大象等动物奔跑在热带草原上的场景。目睹被称为"兽中之王"的狮子的雄壮威武，以及它们追捕弱小动物时残忍惊险的场面，令人感叹不已。

离奇型。日本曾推出一种荒唐离奇的"戏剧性快车"。这种列车是专为寻求刺激的女性而开设的。每名年轻女子只要花上4万日元（包括车票、食宿等费

旅游列车

用），便可在途中饱尝惊险离奇的刺激之旅。列车周六从东京出发，入夜，当高速火车行至日本北部的盛岗一带时，每位女乘客会遭到"蒙面枪手的绑架"，"几经折磨"后才得以脱身，整个过程异常离奇有趣，然后，列车驶向一处温泉度假胜地。"劫后余生"的小姐、太太们轻松愉快地去度假，最后再返回东京，重新过上平静的都市生活。

学校型。英国有一列由13辆车编组的可到处旅行的"学校列车"，它的宗旨是组织那些希望获得中等教育证书的学生及学习英语的外国学生在英国旅行、受业。列车上设有宿舍、厨房、食品店和一些配备有计算机、录像机与电视屏幕的教室，可为168名学生和20多名教工提供服务。这所学校一般是白天上课，夜间旅行，课余组织游览观光，并有计划地参观实习。国内外对列车旅行学校的反响热烈，很多学校纷纷预订车票，盛况空前。

> 最受学生欢迎的"学校列车"。

1.文中重点介绍了哪几种列车类型？

_____

_____

2.各种类型的列车分别源于哪个国家呢？

_____

_____

我的小收获

　　现代人真是太聪明了，这些稀奇古怪、用途独特的列车，让我感觉到了科学技术与平凡生活的完美结合。观赏、猎奇、离奇、校园，这些类型的列车创意独特，除了能够满足我们的好奇心之外，还能让我们随时体验不同的生活状态。

农业的变化真大

课文再现

《农业的变化真大》这篇课文用浅显生动的语言，介绍了我们国家农业发展的巨大变化：寒冷的冬季，百花盛开，瓜果飘香；彩色的棉花纺出五彩线，织出五彩带；无土的水中，栽培出茁壮的植物；只用世界百分之七的耕地，却养活了世界百分之二十二以上的人口……先进的科学技术给农业带来如此巨大的变化，令人惊叹。

小博士多多有话说 <<<<

同学们好！我是小博士多多。农业之所以变化如此之大，都是因为有了先进的科学技术。除了课文给我们介绍的这些变化以外，你还知道农业的哪些变化？今天小博士我就带你们去开开眼界。

课外链接

农作物"渴了"会"呼叫"

当你把胡萝卜从地里拔出来时，它不会尖叫，但高新技术可以让植物发出

胡萝卜

"声音"。美国科罗拉多大学的科学家日前研制出智能微芯片，可植于植物叶片上，当植物需要水时，芯片便会向农户的手机发送需求信息。采用此法可省水、省时、省钱，每年可为农户节省几千美元。

美国有些地区有着定期和充足的降雨，这种技术在那里可能并不经济实用。但在美国西部，大部分的水来自于地下蓄水层，需要节约用水，这样的技术每年可以帮助农民节省数十万美元。目前芯片的传感器只有跟电源连接，才能读出相关信息，并把收集到的信息发送到手机上。今后的传感器有可能配备电池或者太阳能电池板，甚至压电发电机，为传感器收集和发送信息提供足够的能量。如果农民在更广泛的领域增加传感器的应用，将使农场管理更加精细化，从而为农民节能省时，对农业的可持续性发展作出重要贡献。

地面上的水很有用，而外层空间的水就更显得弥足珍贵了。早在多年前，美国航天局的科学家就开始研制这种用于探知植物需求的智能芯片了，为今后的载人飞行任务以及更频繁地探索月球和火星做准备。曾经为美国航天局工作的美国科罗拉多大学科学家汉斯·迪特尔·西利格表示："在未来的太空任务中，我们非常需要植物，它们吸收二氧化碳，产生可供人呼吸的氧气，航天员还可以把它们作为食物。"

看来，科学家们早就有了让人类到太空生活的计划。

为了减少种植作物所需的时间和必要的物资，科学家使用感应器，使其连接到中央计算机，以便宇航员准确了解何时给植物浇水以及浇多少水，目前，这种方法可减少植物生长所需的10%~40%的水量。

1.你知道农作物为什么会"呼叫"吗?

_____

_____

2.科学家为什么要研制这种智能芯片呢?

_____

_____

我的小收获

在植物上放上芯片传感器用来收集信息,然后发到主人的手机上,这样就能叫主人及时给植物浇水了。这项技术对航天有很大作用,因为火星探测过程如果要耗费两年时间,宇航员将无法就近获取足够的食物和生活所需。飞行员将花费其大部分时间在太空种植蔬菜和水果。而宇宙中没有重力,为农作物浇一次水很难。所以,会"呼叫"的植物能够帮助宇航员及时提供植物所需,有助于植物的健康成长。

用咸水浇灌农作物

地球上的淡水资源日益短缺,为此人们不得不开源节流。开源的重要措施之一,就是直接利用海水和其他咸水,从而减少对淡水的需求。现在,一些城市的工业用水和部分生活用水都已改用海水。那么,在

> 这是很多人都关心的问题!

海水

农业上能不能培育出耐盐碱的、能用海水直接浇灌的作物呢？答案是肯定的。

以色列在这方面就走在了世界的前列。他们早就培育了用海水浇灌的灌木丛和以这种植物为饲料的羊，还培育了耐旱、耐盐碱，能用咸水浇灌的果树、花卉和蔬菜，适于沙漠地区种植。他们把科隆岛上耐盐番茄的基因植入普通番茄细胞中，培育出新品种番茄，不仅可以在盐碱地中生长，可用咸水浇灌，而且个头大，味道也比普通的品种好。在意大利，用海水浇灌的白菜、甜菜长势很好，而且含糖量高。沙特阿拉伯的巴哈尔公司从1993年开始，一直用海水浇灌一种海蓬子属植物。经过多年的实验研究，其结果令人满意：作物长势良好，其种子可用来榨油，含油量为26%～33%，蛋白质含量为31%，所含营养成分优于黄豆、向日葵等用淡水灌溉的油料作物。

加拿大多伦多大学的科学家们也成功地开发了一种可在含盐量很高的土壤里种植的转基因作物。实验证明，这种植物的抗盐能力很强，在含盐量是普通土壤两倍的土壤里，它们生长良好。

我国在这方面也取得了很大的成绩。早在1990年，地处黄河三角洲的山东省东营市就积极发展海水灌溉农业。中国科学院植物研究所和遗传研究所等单位目前已培育出10余种可用海水浇灌的蔬菜。用这种方法培植的蔬菜，富含维生素、胡萝卜素、铜、碘、锌等成分，能够消除人体疲劳，增强免疫力，是重要的抗氧化营养品。耐盐碱的蔬菜具有天然的咸味，还是无污染的绿色食品，是符合现代人健康需要的保健蔬菜。

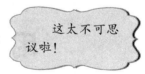
这太不可思议啦！

海水农业的诞生，是人类直接利用海水和其他咸水的全新尝试。它可以减少人类对淡水的依赖。因此，当人类把目光转向海洋，提出21世纪是海洋世纪的时候，我们有理由相信，海洋农业的前景非常广阔。

1.作者在2~4自然段中，运用大量具体事例是为了说明什么？

_____

_____

2.人类大力发展海水农业具有什么重要意义？

_____

_____

我的小收获

用咸水浇灌番茄，大家听了一定会觉得很奇怪，那样番茄不会被"咸死"吗？是的，在淡水资源日益缺乏的今天，用海水浇灌农作物成了节约用水的一种新途径。科学家们积极开发了各种耐盐型作物，开拓了海洋农业的新前景。

小小资料箱

为什么ATM机能自动付款？

ATM机，即自动柜员机，它是名副其实的"电子出纳员"。它的付款过程是由计算机控制的。ATM机主要包含微型电子计算机、读卡机、发钞机等部件，其中微型电子计算机通过网络与银行的计算机控制系统相联。想到ATM机上取款的人，可将信用卡插入ATM机，读卡机在阅读完存在磁条上的信息后，就能通过网络从银行的计算机中查找这个账户，然后，它要求输入密码、取款金额等。一切操作正确后，发钞机就会"吐"出钱款来。

果园机器人

课文再现

《果园机器人》是一篇科普文章。通过叙述果园生产需要的变化，把果园机器人的各种特性一步步体现出来。内容简单，非常有趣。

小博士多多有话说 <<<<

同学们好！我是小博士多多。你们知道吗？机器人是自动执行工作的机器装置，它既可以接受人类指挥，又可以运行预先编排的程序，也可以根据人工智能技术制定的原则纲领行动。除了果园机器人之外，我们还有机器人记者呢！你想知道这些机器人的小秘密吗？想知道的话就跟着我一起去看看吧！

课外链接

机器人记者

机器人记者，一个被遥控的新闻报道机器，被派往阿富汗去执行它的采访任务。这个机器人的名字叫做"阿富汗探险者"，是由美国麻省理工学院MIT计算机文化系的工程师们发明的。它装备着用来采访的全部设备，被运到目的地经组装后，就可以利用自己的四轮驱动电动马达，到那些对于真正的记者来说十分危险的环境中进行采访。

> 在人类活动中，机器人的作用将会越来越大。

"阿富汗探险者"有3英尺高，造价为1万美元，上面装着一台数字摄像机，可以在各种光线环境下摄像。机器人的动力完全来自太阳能，最快移动速度可以达到4英里/小时（1英里＝1.609千米），它的体内有一套全球定位系统和一个电子罗盘装置，用于确定它的位置。

机器人

在机器人和控制者——机器人导航员之间，是一条卫星通讯线路，它可以传输经过压缩的声音和视频信号。

机器人身上有一个显示屏幕，用来展示图像或者播放录像片段，可以让被采访的人看到远在几千千米之外那位真正的记者。

这位机器人记者于2002年4月从阿富汗东部开始，穿越阿富汗全国，对沿途所见所闻、民风民俗进行详细而深入的报道，并随时发回大量的图像和录音资料。

小博士多多考考你

1.机器人记者有哪些优点呢？

2.机器人和控制者之间是靠什么联系起来的呢？

我的小收获

　　随着科学技术的发展，人们发明创造出具有各种功能的机器人。它们按照预定的程序，帮助人们完成一些复杂而危险的工作。机器人记者就是众多机器人中的一员。读完这篇文章，我更加佩服那些科学家了，我一定要好好学习科学知识，将来成为一名优秀的发明家。

机器人也有代沟

　　机器人王国发展到现在已是"三代同堂"了。

　　第一代机器人诞生于20世纪60年代，说是机器人，实际上就是一些自动化机器，不仅没有人样，而且没有智能，叫它做什么它就做什么，对外界没有感觉和识别能力，又聋、又瞎、又哑，是个没有任何感觉，只能做粗活的傻大个儿。

　　到了20世纪70年代，第二代机器人成长起来，这些机器人已有了各种感觉器官，如触觉、听觉、视觉。有的身上还带有电脑，可以对获得的外界信息进行加工、分析，作出判断，随机应变，完成各种复杂的工作，但它们的智力还是很低的。

机器人

　　第三代机器人是智能机器人。所谓的智能机器人，就是具有人工智能，并能够模拟人脑一部分思维能力的高级机器人。从外表上看，智能机器人有人形机器人——即有头、有手、有脚，当然也有非人形机器人。这一代机器人已变得十分聪明，不仅能看、能听、能说，而且还具有独立判断和行动的能

不会吧？太让人吃惊了！

力，更主要的是有了记忆，会自己思考、推断和决策，因而能完成更加复杂的工作，还能与人进行对话。

你相信吗？机器人也有代沟呢！

在美国的康涅狄格州桑伯里医院，有一个叫"里奇"的智能机器人，它很能干也很聪明，可以帮助医生给病人量体温、测血压，还可以为病人跑腿送东西。在途中它能主动躲避障碍物，见到主人会主动问好，见到其他的机器人还会主动打招呼。但是这个医院的其他几个机器人都是以前制造的，不像里奇那样聪明，当里奇与它们打招呼时，它们不知如何是好。于是，在几次问候得不到回复之后，里奇就生气了，见到那些机器人也不再理睬它了。

哈哈，瞧，机器人之间竟产生了代沟。

小博士多多考考你

1. 机器人王国发展到现在是哪"三代同堂"呢？

_____

_____

2. 与前两代机器人相比，第三代机器人具有哪些突出的特点？

_____

_____

我的小收获

现在的智能机器人已变得十分聪明，不仅能看、能听、能说，而且具有独立判断和行动的能力，更主要的是有了记忆，会自己思考、推断和决策，因而能完成更加复杂的工作，还能与人进行对话。同学们一定觉得很神奇吧，科学的力量真伟大呀！

人造发光植物

课文再现

《人造发光植物》是一篇略读课文，课文介绍了经过航天旅行的植物种子所发生的变化，产生变化的原因，以及经过选育之后果实的食用、药用及他用。

小博士多多有话说 <<<<

大家好！我是小博士多多。要给大家解释一下，这里所说的"转基因"指的就是为了达到特定目的而将DNA进行人为改造的过程。对生物基因的了解，让人类从中获益不少，人们也由此探索着生命的奥秘。

课外链接

地雷探测草

1997年签署的《渥太华协议》禁止在战争中使用地雷，因为在战争结束后，埋藏在地下的地雷会是一种长期难以消除的祸根。目前世界各地还埋有大约1亿个未爆炸的地雷，平均每年导致25000多人死亡或受伤。2009年，联合国计划决定清除大部分地雷，但

> 地雷如此严重的破坏性，更加突出了用拟南芥探测地雷的重要意义。

拟南芥

是当时使用的方法花费巨大、效率低而且很危险。每清除一个地雷要花费300~1000美元，而每清除1800~2000个地雷就会出现一次事故。丹麦科学家发现了一种既便宜又安全的探测地雷方法：让转基因草告诉人们哪里埋有地雷。

他们使用的是一种在路边常见的草——拟南芥，它也是植物遗传学家最经常使用的实验材料，因为它生长速度很快，从发芽到成熟大约只需要6周。拟南芥在秋天，或者在寒冷、干旱的条件下，叶子会变红。有一种变异的拟南芥由于缺少制造红色素的基因，叶子不会变红。丹麦科学家给这种变异的拟南芥转入了制造红色素的基因，这种基因遇到二氧化氮后便开始制造红色素，让叶子变红。埋藏在地下的地雷中的炸药会慢慢泄漏到土壤中，被细菌分解释放出二氧化氮，如果转基因拟南芥长在这样的土壤中，叶子就会由绿色变成红色。我们往怀疑埋有地雷的地区播撒转基因拟南芥的种子，几周后，察看长出来的拟南芥叶子是否会变成红色，就可以知道这个地区是否埋有地雷了。

为了能够控制转基因拟南芥的生长范围，防止它们逃逸到自然环境中去，丹麦科学家还对转基因拟南芥做了进一步的改造，只有在往土壤中添加一种生长因子的情况下，种子才能发芽，而且要添加另一种生长因子，才会结种子。这样，转基因拟南芥如果没有人工培育，就不能生存、繁殖。

这种人为的控制，使拟南芥在造福人类的同时，不会破坏生态平衡。

小博士多多考考你

1.利用传统方法清除地雷具有哪些弊端？

_____

_____

2. 丹麦科学家利用拟南芥探测地雷的原理是什么？请结合文中相关语句简要概括。

_____

_____

我的小收获

> 我们原以为植物的发芽、生长和结果等环节，都只能受自然规律的支配，而丹麦科学家却通过自己的聪明才智，使这些过程始终处在人类可以控制的范围之内，从而使拟南芥具有了准确"找出"地雷的神奇本领。本文再次让我见识了科技力量的强大。只要我们合理地对其加以利用，定能让我们的生活变得更加美好。

克隆，克隆

有一只世界闻名的羊，名叫多利，虽然它看起来与普通的羊羔一样聪明可爱，但由于它出身与别的羊不同，因而倍受世人关注。它于1997年2月出生，这一消息曾经是世界各大报纸的头条新闻。多利的出生使一部分人感到兴奋，另一部分人则感到震撼。你可能会问：不就是一只羊吗，有什么大惊小怪的？这不是小题大做吗！可是你知道吗？多利虽然外表与普通羊一样，但它却不是普通的胎生儿，而是克隆出来的。也就是说，多利是由另一只羊的基因复制出来的，它的基因与这只羊完全相同。这是世界上第一次成功克隆一只成年哺乳动物，从而引发了人们这样一种思考：将来是不是也可以克隆人类呢？

多利到底是怎样来的呢？首先，科学家们从一只羊身上取一个细胞，然后促使这个细胞分裂，从而培育成一只全新的羊。在这个过程中，科学家们

克隆羊多利

需要的只是一个单细胞，因为每个细胞都包含着完整的生成新生命的基因指令。

"咩咩"的叫声响遍全球

多利的出生使很多人都认识到，不久的将来，克隆人也是可能实现的。有些人赞同克隆人，它可以使不能生育或不愿生育的夫妇通过克隆拥有自己可爱的小宝贝，但更多的人则认为克隆人实在是一种冒险的行动。他们指出，在已经进行的克隆动物实验中，动物的胚胎往往很容易死亡，而且克隆的动物健康状况一般都不理想，如果将人克隆出来，那会使他遭受很多痛苦，这将是一件很不人道的事。还有很多人强烈地感觉到，即使克隆对动物来说是一种很安全的方式，但是也决不能把这种技术运用到人类身上。他们担心克隆出来的人不会被大家看成一个独立的个体，或者有的人还会出于自私的原因来克隆自己，那将会引起一些不必要的混乱。

一些国家已经立法明令禁止进行人类克隆的研究。由于各方看法不一，而且克隆技术在不断取得进步，这一场争论必将继续下去。

同卵双生的双胞胎有时被戏称为克隆人，那是因为他们的基因完全相同。

美国南部有一种鞭尾蜥蜴，它们不需要交配就可以产卵，它们的后代都是通过复制（或叫克隆）得来的。

恐龙还能再现吗？可能性不大。猛犸象还能重生吗？还真说不准！

在电影《侏罗纪公园》中，有一只恐龙从一只史前的蚊子的一滴血中被克隆出来，还"出演"了一部精彩的电影。那么，恐龙是否真的可以被克隆出来呢？恐怕不行，一个简单的原因，那就是恐龙的DNA经过了这么漫长的历史，肯定受到了破坏，而且，克隆出来的胚胎还需要有一个发育的环境，就像普通胚胎在子宫里发育一样，可是又有哪一种现存动物的身体能够容纳得下身躯如此庞大的剑龙或是雷克斯暴龙呢？

1999年，一个20300多年前的完整的猛犸象在西伯利亚的冰层中被发现。科学家们收集了它的DNA以备将来克隆之用，他们希望现代的母象能够为这种灭绝已久的动物复活作出贡献。

克隆浪潮：在多利的身后

多利虽然是世界上第一只克隆的哺乳动物，但很快就有其他动物也加入到克隆的行列中来了。1998年，夏威夷的研究人员制造出几代克隆老鼠；1999年，得克萨斯的研究人员也用一头成年公牛克隆出一头小牛（这头成年公牛的名字叫"机会"，那它的克隆儿叫什么呢？当然叫"第二次机会"）；2000年3月，研究人员在弗吉尼亚州的布莱克斯堡镇克隆出5头小猪，该镇因此成为"世界克隆猪之都"而声名大噪。

为什么人们都如此热衷于动物的克隆呢？主要原因可能是动物饲养者一直都希望有什么方法能够改良那些家畜，希望通过克隆那些特别健康的动物，使它们强健的基因得以代代相传。但科学家和医生则不是这种目的，他们是想用克隆的哺乳动物和昆虫来研究基因突变和人类的种种疾病，如关节炎和癌症等。

1998年，一对美国夫妇向得克萨斯大学支付360万美元，要求研究人员克隆他们的爱犬米丝，这项克隆工程被称做"米丝复活工程"。

预制身体的各个部分

克隆不仅仅是复制一个完整的动植物个体，单个细胞同样也可以被克隆用来形成一些组织，如肺、肝脏、心脏、皮肤，甚至耳朵、手指、眼球等。

> 克隆技术的出现，将对医学领域产生重大而深远的影响。

如果把人的基本细胞——干细胞置于适当的环境中，科学家们会促使这些细胞形成各种身体组织，医生们已经运用一些克隆皮肤来代替烧伤患者身体上那些坏死的皮肤，一些研究人员还在尝试将一些克隆组织加入人造器官中，如将克隆的心脏瓣膜融入人造心脏中，以改善人造心脏的功能。

将来，科学家们还可能从病人自身的细胞中克隆出身体的组成部分，如果真能这样，这种"预制"的器官将能够挽救多少人的生命啊！

小博士多多考考你

1.克隆羊的出现引发了人们什么样的思考？

_____

_____

2. 克隆技术的利弊各是什么？

_____

_____

我的小收获

　　克隆羊的诞生震惊了世界，也引起了人们的广泛争议，克隆技术到底是好还是坏呢？我想，任何事情都有两面性，克隆也不例外。对于预制身体的某些器官来挽救更多人的生命，我赞成使用它；至于克隆相同的人，我想还是应该谨慎地去对待。

小小资料箱

为什么机器人能走檐爬壁？

　　有些机器人能攀高、爬壁，可代替人在很恶劣的环境中，或在很危险的条件下工作，如帮助人们清洗高楼大厦的外墙和窗户、喷涂大型储存箱、在飞机表面进行X射线检查等，这种机器人叫爬壁机器人。设计人员根据爬壁机器人的不同用途，给它们设计了不同的吸附装置。例如涂漆机器人，它身上有一块磁铁，能把自己牢牢地吸附在钢铁表面；脚是轮子，靠马达带动，能在铁壁上移动；身上带有喷枪，能将漆均匀地喷涂上去。再如在玻璃上爬行的机器人，它的吸附装置就像章鱼身上的吸盘，用橡胶做成，看上去像一个倒扣的碗。这种吸盘，抽去空气时可以吸在其他东西上，送入空气后可以拔起来，如果将机器人的左腿和右腿轮流抽成真空、送入空气，它的两腿就能交替向前跨步了。

新型玻璃

课文再现

《新型玻璃》这篇精读课文分别介绍了夹丝网防盗玻璃、夹丝玻璃、变色玻璃、吸热玻璃、吃音玻璃五种新型玻璃的特点和它们在现代生活中的广泛应用。

小博士多多有话说 <<<<

同学们好！我是小博士多多。课文给同学们介绍了一部分新型玻璃的知识，让同学们收获不小吧？但新型玻璃的种类还多着呢，如：有的玻璃能自我清洁，有的能像窗帘一样起到遮挡作用。小博士我这就给你们介绍介绍。

课外链接

能自我清洁的玻璃

东西用久了都会沾染上灰尘，纵然是表面光滑的玻璃也不例外，天长日久，它也需要人们对它进行清洁。小件的玻璃器皿脏了洗洗擦擦并不困难，可是擦拭外窗玻璃却是件麻烦的苦差事。特别是高层建筑上大块大块的玻璃，那恐怕还得让专业保洁公司的"空中蜘蛛人"来做清洁，既烦琐又危险。不过，在不久的将来，你就可以把擦拭玻璃窗的不便与危险都通通抛开了，因为美国科学家已研制出一种叫"莲花"的特殊玻璃，它能够借助自然界的力量自我清洁。

> 任何新科技的出现，都是以人们的需求为前提的。

"莲花"之所以能给自己"洗澡"，就在于它是用一种特殊的技术，加入特殊的成分烧制而成的。一旦污垢附着到"莲花"身上，它的表面在阳光的作用下就产生具有强氧化能力的电子空穴对。紧接着，电子空穴对又与空气中的氧气和水分子相互作用，产生负氧离子和氢氧自由基。在强烈的氧

大量运用玻璃的建筑物

化还原反应中，"莲花"将附在其表面的各种有机物分解为水和二氧化碳。最后，"莲花"经过雨水的冲洗，涤荡掉从其表面脱落的剩余污垢，洁净的外表再次熠熠生辉。

也许有人要担心，强烈的氧化还原反应不断进行，"莲花"表面的特殊物质是否会逐渐消失，到时候它是不是又变回到普通的玻璃？为此，科研人员解释说，这种特殊物质在整个自我清洁过程中只起催化作用，本身不损失，"莲花"披着的这层外衣永远也不会"褪色"。

小博士多多考考你

1. "莲花"玻璃的优点是什么？

_____

_____

2. "莲花"玻璃是如何进行自我清洁的？

_____

_____

许多东西使用久了都会变脏，即使再光滑的玻璃也不例外，那么，怎样才能省去擦拭玻璃的烦恼呢？不用急，"莲花"玻璃就能通过自然界的力量达到自我清洁的目的。大家读了这个小故事，也觉得很神奇吧？只要每个人拥有一双善于发现的眼睛，也许不久的将来，你也可以发明更加新型的玻璃哟！

防弹玻璃为什么不碎

　　防弹玻璃是安全玻璃中比较突出的一种。安全玻璃是在一定的温度和压力下，由坚韧的塑料内层将两片玻璃粘结而成，也称为夹层玻璃或胶合玻璃。塑料内层可以吸收冲击和爆炸过程中所产生的部分能量和冲击波压力，即使被震碎也不会四散飞溅。根据不同的需要，夹层玻璃可以用普通玻璃、钢化玻璃、热增强玻璃来制作，也可以制成中空玻璃。

现实中很需要这样的玻璃哟！

　　安全玻璃具有良好的安全性、抗冲击性和抗穿透性，具备防弹、防爆功能。建筑物使用的安全玻璃，可以抵御子弹或每小时100千米的飓风所夹带的碎石类的攻击，所以它对主体为玻璃结构的现代建筑具有特别重要的意义。此外，一些重要设施，如银行大门、贵重物品陈列柜、监狱和教养所门窗也都使用安全玻璃，因为这些地方可能会遭到持各种凶器的群匪的连续袭击，而高强度玻璃能在一定时间内抵御穿透，锤、铁棍、砖头都对它无可奈何。

　　安全玻璃中最有名的当然就是防弹玻璃，它由多层玻璃和多层塑料中间膜粘结加工而

测试防弹玻璃

成，可抵御手枪、步枪甚至爆炸的强烈攻击。通常，一些恐怖爆炸事件中，横飞的玻璃是造成人员伤害的重要原因，其波及的半径可达数千米。而防弹玻璃在震碎的情况下，仍能完整保留在框架内，大大降低了玻璃碎片对人的伤害。

1.安全玻璃的工作原理是什么？

2.与普通玻璃相比，安全玻璃具有哪些突出的特点？

我的小收获

　　今天，小博士多多就给我介绍了这样一种防弹玻璃，它除了具有良好的安全性之外，还具有抗冲击性和抗穿透性，并且具有防弹、防爆功能。怎么样？科技的力量神奇吧？相信不久的将来，会出现更多的新型玻璃。

身边的科学

课文再现

《身边的科学》向我们讲述了一些身边的科学现象，如浅色衣服不易吸热，甜食损坏牙齿、让人变胖等。文章鼓励每一位学生仔细观察身边的事物，做生活的有心人，从而发现我们身边处处有科学，激发同学们爱科学、学科学的兴趣。

小博士多多有话说 <<<<

我是小博士多多。的确，正如课本中的故事那样，我们生活中的点点滴滴都隐藏着各种科学知识。我们生活中很多必不可少的生活用品都有着它们各自的发明故事，比方说吸尘器、微波炉……同学们，你们知道这些常见的生活用品的发明故事吗？小博士我今天就带大家去看看。

课外链接

吸尘器的发明

19世纪，随着家用地毯的大量普及和使用，清扫地毯成了人们深感头疼的事情。这时，人们希望有一种能够迅速顺利地清理地毯上的灰尘和脏物的

器械。1876年，英国人比塞尔经过多次实验，制造出了清扫器。这种清扫器有一个容纳灰尘的箱子，并能够根据地面的情况更换清扫刷，很快，清扫器被用于宫廷和高尔夫球场的清洁工作。

到了1901年，英国的土木工程师布斯有一次受邀前往伦敦莱斯特广场帝国音乐厅，去观摩美国生产的一种车厢除尘器的演示活动。布斯对这种用机器把灰尘吹走的办法并不赞赏，但他从中受到了启发。他认

> 任何一项伟大的发明都源于善于思考的头脑。

吸尘器

为，清扫灰尘不应该采用吹的办法，而应该采取先吸入其中然后再清理的办法。布斯决定自己亲自试一试。

回到家后，布斯趴到地板上，用一块手帕蒙住嘴巴使劲地吸，结果发现手帕的背面沾满了灰尘。根据自己的实验结果，布斯终于发明了第一台真空吸尘器。1901年8月，布斯组建了自己的真空吸尘器公司。

然而，布斯最初发明的吸尘器体积太大，又要通过汽油发动机来驱动，所以，实际使用时只能装在马车上，挨家挨户地上门服务。有一次，他把吸尘器用马车拉到马路上，然后将长长的软管伸进用户的房间里去吸尘。由于吸尘器的软管在工作时发出的声音像巨蟒的怒吼，使过往拉车的马匹受到惊吓而变得狂躁不安，布斯因此受到了警察的处罚。

后来，人们在布斯发明的吸尘器的基础上又进行了改进，最终使吸尘器小型化，成为了适合普通家庭使用的小家电。

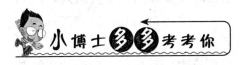

1. 最早的清扫器的工作原理是什么？

_____

_____

2.布斯发明的最初的吸尘器有什么缺点？

_____

_____

我的小收获

　　通过上面的文章，我了解了垃圾清扫器的发明和发展过程。从最早的"吹"到后来的"吸"，从大体积到之后的小型化，垃圾清扫器进入了普通人的家庭，为我们的生活带来了很多的方便。这就是科学的意义。

从爆米花到微波炉

　　玉米种子炸成的爆米花，在科学史上也曾风光一时！因为爆米花现象使人认识到微波的热效应，使雷达和微波炉"有缘千里来相会"，攀上了亲。担任主角的正是波长在0.001～1米之间的微波。

　　哈哈！没有想到爆米花还能和微波炉攀上亲吧？

　　第二次世界大战初期，人们对微波的了解甚微，只知道微波脉冲变化快，可用于探测高速运动的物体。在此基础上，英国人发明了雷达，但是雷达技术的发展进步却归功于美国人。1945年的一天，正在测试雷达的美国工程师珀西·斯潘塞感觉有点饿，便随手从衣袋里掏出几块巧克力，没想到它们融化了。珀西·斯潘塞挺纳闷：天气颇为凉爽，身边没有热源，巧克力如何融化了呢？下班后，细心的珀西·斯潘塞到附近的玉米地里掰了些玉米种子，随手撒在车间的"雷达"旁边。

爆米花

第二天早晨，撒在雷达旁的玉米变成了一颗颗绽放的爆米花。玉米"开花"让珀西·斯潘塞陷入兴奋和沉思。他开始寻找原因，最终发现频率极高的微波，除了具有探测高速运动物体的本领外，还具有鲜为人知的、强大的热效应！任何物品，包括看起来很干燥的食品内，都含有大量水分子。而水分子吸收微波后，立即产生高频振动和剧烈摩擦，使温度迅速升高。玉米种子正是在微波"强热效应"作用下变成爆米花的。

斯潘塞的发现，在当时产生了很大的轰动效应。同年底，企业界研制出用微波烹饪的高效电炉——微波炉。

小博士多多考考你

1. 微波最初的作用是什么？人类根据微波发明了什么？

_____

_____

2. 是谁首先发现微波具有热效应的？微波是如何使玉米变成爆米花的？

_____

_____

我的小收获

　　如果珀西·斯潘塞不是一个细心的人，那么他就发现不了因为雷达微波而形成的爆米花，我们今天也就不会有微波炉啦。看来，我们身边存在着许许多多的科学原理呢，只要我们细心，就有可能促进某项科技的发展。

空中花朵——降落伞

课文再现

《空中花朵——降落伞》讲述了法国人卢诺尔曼从一篇小说的情节中得到启发，发明了降落伞的故事。

 小博士多多有话说 <<<<

在降落伞发明之前，在天空中飞行的只有鸟儿的身影。人类何时才能飞翔在蓝天中呢？法国人卢诺尔曼进行了伟大的尝试，发明了降落伞，这是一个划时代的进步。后来，热气球、飞机的身影都出现在了天空中，现在人们甚至发明了宇宙飞船，把人类的足迹留在了月球上……这些都不是大自然的鬼斧神工，而是人类用智慧征服蓝天的足迹。

课外链接

热气球史话

热气球是人类历史上最早的航空器，比飞机的发明早了100多年。

世界公认的最古老的"热气球"是在中国古代出现的孔明灯，它已有至少1000年的历史。古时候，人们用竹篾扎成方架，糊上纸做成灯笼，然后点燃下面托盘上的松脂，上升的松烟把灯笼托起，这就是孔明灯。它在民间流传范围很广，通常被用作夜晚的军事信号。与今天的热气球相比，两者的工作原理竟惊人的相似：当空气受热膨胀后，密度会变小，从而带动物体向上升起。由此可见，孔明灯可算是最原始的热气球了。

孔明灯原来是最原始的热气球。

热气球

不过，孔明灯毕竟不能承载人体的重量，真正的载人热气球产生于法国。1783年6月4日，在法国昂纳内，著名的发明家蒙哥尔费与弟弟一起，以燃烧湿稻草、碎羊毛和腐肉产生的热空气，充满了用麻布和纸制成的一个直径达10米的热气球。在费了九牛二虎之力后，他们总算让这个笨拙无比的家伙历史性地升上了天空。大家都很奇怪这个冒烟的破布袋子竟然可以飞起来。有趣的是，蒙哥尔费兄弟一直以为烟雾是气球上升的动力。据说，他们是从开水的蒸汽能升上屋顶，炉火上的烟雾也能上升中得到的灵感。

1783年9月19日，法国国王路易十六和法兰西学院邀请蒙哥尔费兄弟前往巴黎凡尔赛宫作表演。这一次，兄弟俩别出心裁地在气球下面吊上一个笼子，在里面放入一只母鸭、一只公鸡和一只绵羊，气球在空中飞行了8分钟，飞行距离为1600米。世界上第一个热气球就这样诞生了。

小博士多多考考你

1.孔明灯是什么？它是如何升到空中的？

_____

2.真正意义上的热气球是什么时候产生的？

_____

我的小收获

　　征服天空是人类一直以来的梦想。从最初的孔明灯到后来的热气球，以至后面的飞机等，这些飞行器的演变，显示出了人类对蓝天的向往以及不断的探索和努力。今天，我们想要翱翔蓝天是一件很容易的事情，但在古时候这只能是梦想。人类几千年来对"飞天"梦想的追求，才让我们有了今天这样的突破。

莱特兄弟发明飞机

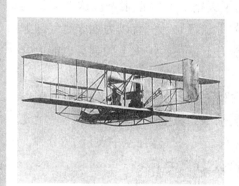

莱特兄弟制造的飞机

　　圣诞节的早晨，爸爸送给莱特兄弟俩一件有趣的圣诞礼物——一个样子怪怪的、不知道名字的玩具。

　　爸爸告诉他们，这叫飞螺旋，能在高高的空中飞翔。"鸟才能飞呢！它怎么也会飞？"哥哥威尔伯·莱特有些怀疑。

　　爸爸看出了他们的疑惑，于是当场演示。只见他先把上面的橡皮筋扭好，然后一松手，飞螺旋就发出"呜呜"的声音，向空中飞去。兄弟俩这才相信，除了鸟、昆虫外，人工制造的东西也可以飞上天。试着玩了一会儿，兄弟俩便迫不及待地把飞螺旋拆开了，他们都想探索一下，看看它为何能飞上天去。

　　从那以后，他们一有空就思考、观察。他们幼小的心灵里萌发了一个愿望——将来一定要制造出一种能飞上蓝天的东西。这个愿望一直影响着他们。

　　一有空闲，他们就观察老鹰在空中飞行的动作，并一张又一张地画下来。之后，兄弟俩商量着设计一架滑翔机。多少个日夜，多少次试验，几乎每次他们都摔得鼻青脸肿。1900年10月，莱特兄弟终于制成了他们的第一架滑翔机。兄弟俩用了一个星期的时间把滑翔机装好，然后给它系上绳索，像风筝那样放飞，但它只飞行了10米。

莱特兄弟不停地思索，不停地观察，不停地改进技术，经过多次试验，终于研制成了第一架飞机，并于1908年10月试飞成功。人类渴望在蓝天上飞翔的梦想终于变成了现实。

> 真是功夫不负有心人啊！

小博士多多考考你

1. 是什么事情刺激了莱特兄弟的探索欲望？

_____

_____

2. 莱特兄弟是如何发明飞机的？

_____

_____

我的小收获

今天的飞机种类繁多，用途广泛，担当着人类现代社会运输行业的重要职责。但在一百年前，飞机才刚刚诞生，科技发展的速度之快真让人瞠目结舌。今天乘坐飞机，我们感到的是一种舒适和享受，而这样的便捷是探索者以生命为代价换来的，他们为人类作出的贡献将永远被我们记住。

网络时代

我家跨上了"信息高速路"

课文再现

　　《我家跨上了"信息高速路"》描述了"我"的一次上网经历，让我们在领略网络魅力的同时，了解了网络的特点和作用，真切地感受到现代科技带给人们的便利和影响。

小博士多多有话说 <<<<

　　同学们好，我是小博士多多，很高兴又和大家见面了。我们在《我家跨上了"信息高速路"》一文中，感受到了网络给人类生活带来的深刻影响。有的同学已经能够享受到让"计算机老师"给自己授课的待遇了。由于网络的普及，很多家庭还因此发生了许多有趣的小故事呢。

课外链接

计算机老师

　　一阵优美的音乐响起，同学们回到了教室准备上课。

教室里，一台计算机放在讲台上，并连接着一个大屏幕。大屏幕上出现了一个老师的图样。"计算机老师"说道："今天我们学习的是第20课《林海》，请大家翻开书本。"同学们打开书本，翻到了第20课。"计算机老师"讲课很生动，边讲边做动作，还配有让人感到轻松的背景音乐。这样，同学们对这篇课文就有了深刻的印象。

"计算机老师"还会在google上找出一些音像资料给同学们看，让大家看看大兴安岭的美丽风光，看课文中所讲到的每一个细节，听风吹过树梢的声音，听啄木鸟敲击树木的响动，看缠绕在大树枝干上的蔓藤……同学们上课也十分认真，"计算机老师"提出问题后，每次都有同学举起手，课堂上的互动性极强。

> 精彩的课堂表现，显示了"计算机老师"强大的功能。

但也有几个同学上课不认真听讲，时不时地做些小动作。"老师"就在即将下课之际，告诉大家在这节课上哪些同学表现得好，哪些同学表现得不好，并且还对他们进行了教育。表现不好的同学觉得很惭愧，低下了头。

又是一阵优美的音乐响起，这是下课的信号。同学们在操场上尽情地玩耍，当然，操场上也有"计算机老师"们分别在进行"体能训练"、"体育项目竞赛"和"动作技巧"的指导。

在操场上玩耍的同学们都十分开心。这时，有个同学不小心摔了一跤，胳膊肘摔破了，流了很多血。旁边的几个同学连忙上去帮忙，扶那位同学向医务室走去。

"计算机医生"检查了那位同学的伤口，给他包扎好。此时此刻，我深刻地感受到"计算机医生"对学生是多么关心。

"计算机老师"对同学们的校园生活进行了详尽的记录，他们的父母，无论是在工作中、旅途中，还是在家里休息，都可以随时随地通过电脑终端看到这些记录，看到自己的孩子在学校里的表现。当然，如果他们愿意，也可以看到刚才上课不认真的那几个同学的表现。

"计算机老师"也有很多不能与真正的老师相比的地方，比如"计算机老师"

计算机房

在同学们学习有困难时，只能够在上课时对其进行指导；还有，在同学们有心事的时候，"计算机老师"就显得力不从心；如果同学们发生打架、吵架等事件，"计算机老师"也不能及时地制止。

怎样才能弥补这些缺憾呢？我希望我能尽快掌握更多的知识，将来能解决这些问题。

1.本文主要写了"计算机老师"哪几个方面的表现？

_____

_____

2.与真的老师相比，"计算机老师"有哪些不足？

_____

_____

我的小收获。

在这篇科幻作品中，我真切地感受到了科学技术给人类社会带来的极大便利。当然，无论表现多么出色的"计算机老师"，都不能和真的教师相比。这至少说明了两个方面的问题：第一，人的智慧是任何机器都无法超越的；第二，无论多么先进的科技产品，都只能帮人类分担部分工作，而无法完全替代人类。人类有丰富的情感，这是任何机器都不具备的。

电脑争夺战

我们家和睦团结，但有时也会发生"战争"。就说为了抢电脑，也能搞得家人"反目"、"六亲不认"。

家用电脑

星期天晚上，我们一家三口吃完晚饭，照例各干各的。我已经打算今天晚上要玩会儿电脑。于是，我飞快地做作业，字写得是"龙飞凤舞"。作业搞定了，我心里不禁窃喜。刚刚打开房门，就听见对门的老妈在自言自语盘算着什么。仔细一听，"等会儿呀，我得去玩会儿电脑，还得练练五笔打字。要是时间隔久了，没准儿就不会打了。嗯，就这么定了，好，现在先去洗碗"。

我心中一惊：不好，老妈也要玩电脑了。不行，电脑一定不能让她就这么抢走了。要是她霸占了电脑，指不定什么时候电脑才能回到我的怀抱。我连忙打道回府，从书包中拿出一本草稿本，一支笔，装作到电脑上去查资料的样子，蹑手蹑脚地走进了书房。不料，半路杀出个程咬金。在客厅沙发上抽烟的老爸叫住了我。我有点做贼心虚，于是就挺挺胸膛，洪亮地应了一声。我知道老爸肯定又要"差遣"我了。果然不出我所料："你帮我把电脑开一下，我一会儿要开张发票，还得拷进软盘呢！"

此语犹如晴天霹雳，我玩电脑的梦想立即破灭。怎么办？我得想个办法，决不能让这宝物落入他人之手。对，先下手为强！我随便应了老爸一声，走进房间，把门关得紧紧的，开始玩起了电脑。突然，老妈走了进来，说："咦，你怎么在这里，作业写好了没有？"我假装正经地说："嘿嘿，还没

生动的词语把小作者的心理活动刻画了出来。

呢，我在查资料呢！""哦，那你快点，过会儿我来练打字！"我心里想：这个时侯，电脑怎么可以让给老妈呢？开什么玩笑？于是我说："不可能了，我得查上一两个小时！""啊，这么慢，你在找什么啊？"老妈说着便走过来翻我的本子，她一看到电脑屏幕，立即把我赶出了书房，我连反驳的余地都没有。唉，我这命苦的小孩啊！

老爸这时走进了书房，说道："我得开发票，今天电脑归我了。"老妈已经夺得了电脑，自然不会轻易放弃，说："你以为我不知道啊，你还不是想看电影！""你怎么能这么想呢？我真的急着开发票呀！""不行，今天说什么也不能把电脑让给你！""我今天是一定一定要用电脑的，不然你叫我明天怎么交差啊？""我管你这么多！"……

我在一旁看得津津有味，准备到时候坐收渔翁之利。看他们叽叽喳喳打口水仗，我心里可欢喜着呢！突然，"啪"的一声。安静……黑暗……第一个反应：停电了！

小博士多多考考你

1.为了能够"抢"到电脑，小作者一家人分别为自己找了什么借口？

_____

_____

2. 正当爸爸妈妈争执不下的时候，突然停电了。请简要分析这个结尾的
    妙处。

_____

_____

我的小收获

电脑已经日益成为人们生活中的朋友和工作上的帮手。尽管如此，它也只是一种工具而已。它在为我们提供生活上和学习上的便利的同时，也会对我们造成不良影响。所以，我们在使用电脑的时候，要有一定的自制能力和辨别是非的能力。

电脑住宅

课文再现

《电脑住宅》这篇课文介绍了一栋实验性综合电脑住宅的有关情况，表现了电脑的神奇和它给人们带来的快捷、方便、安全和舒适，使同学们体会到迅速发展的科学技术给人们带来的影响，唤起同学们对美好未来的憧憬和对科学技术的探索与追求。

小博士多多有话说 <<<<

同学们好，我是小博士多多。在课文中，我们体会到了电脑技术给人们带来的便利。电脑发展到今天，已经很普及了。但电脑并不是万能的，它毕竟只是个机器，因此，在使用过程中还发生了不少让人哭笑不得的故事呢。

课外链接

电脑急转弯

与电脑相伴多年，原先觉得它很听话，挺老实，后来我才发现它是个机灵鬼。有时候打字打累了，或者寂寞孤独了，它会像相声演员那样逗我玩儿。

比如，我想输入"协会"两字，就把xiehui6个字母敲到键盘上去，结果跳出来的是"斜晖"！我转念一想，也讲得通，许多协会的会长都是老领导、老干部在挂职，夕阳西下嘛，此晖自然有点斜。

我打中央电视台的简缩"央视"两字，跳出来的竟然是"样式"！再一想，也对嘛，人家是中央电视台，是榜样，是样板，怎么不是地方电视台的"样式"呢？

我打"股权"两字，它给我别别扭扭跳出"顾全"。琢磨半天觉得也有道理，人家买了股票，人家参了股，你叫人家不但没有分红还亏掉一大半，这怎么能"顾全"大局呢？

从此，电脑越来越调皮，和我玩起了脑筋急转弯：我打"魅力"，结果出来的是"美丽"二字；我打"癌症"，出来的不是癌症，而是"挨整"，有道理啊，世界上最大的挨整不就是患了这个不治之症吗？我需要"瘦身"二字，结果跳出了"收审"，进了减肥机构，不是收审是什么呢？……

> 丰富的想象不仅增添了文章的情趣，也流露出作者对电脑的喜爱之情。

真搞不懂，电脑这厮只不过是储存和记忆的机器，说是"脑"实际上没脑子，它怎么不务正业干起了注释，并且注释得还有那么点意思？

有时候，电脑还会和我搞恶作剧：我要上海话"爷叔"二字，电脑拒绝显示，要"爷叔"没有，只有"野鼠"！我要上海荠菜馄饨的"荠菜"，电脑又拒绝显示，没有"荠菜"，只有"器材"。我要"积蓄"二字，此二字大吉大利，电脑却跟我大唱反调，出现了"急需"两个字，有了"急需"还能有什么积蓄？赶快取钱去呀。

几个有钱的公司举办一次流行歌手大奖赛，自然要请一帮所谓的知名人士按照他们的意思去评分打分，我写了一篇文章讥讽他们，要敲"打分"二字，怎么都没想到电脑跳出这样两个字："大粪"！

一旦电脑跟我们这些写写弄

电脑键盘

弄的人玩起脑筋急转弯来，真叫人哭笑不得。我算是写过几本书的人，一本书印罢发行之后，我总要跟责任编辑打听是否"加印"，是否有第二版？这当口电脑深知我心，它不跳出"加印"二字，却来个"佳音"，先向我祝贺道喜！

可是，当我如释重负写罢一篇文章，兴高采烈打上baibi——我的笔名"白壁"时，电脑却甩出了两个字："败笔"！我真恨不得一拳把电脑砸了。

1.阅读全文，说说"电脑急转弯"这一标题在文中具体指什么。

_____

_____

2. 小作者由电脑显示出来的字展开了丰富的联想，你是否有过同样的经历？请举例说明。

_____

_____

我的小收获。

　　因为作者使用的是拼音输入法，所以经常会打出同音的其他词语来，但作者没有为此烦恼，而是围绕这些谐音错误展开了丰富的联想，并从中感受到了生活的情趣。我们不仅要学习作者积极乐观、勤于思考的特点，更要在打字的时候加倍认真，以免出现错误。

电脑时代

我去银行取钱，有急用，偏偏取不到。

银行工作人员说，电脑出毛病了。

我说，修哇。

银行工作人员说，我不会修。

我说，谁会修？

银行工作人员说，博士会修。

我说，博士呢？

银行工作人员说，博士脑袋痛，去看医生了。

正说着，来人了，银行工作人员又说，博士回来了。

我说，博士，请你把电脑修好，我好取钱。

博士说，我脑袋痛，修不好。我去看医生，医生说他们那台电脑出毛病了，做不出脑电图。做不出脑电图就治不好我的脑袋，治不好脑袋我就修不好电脑。你懂吗？

我说，你知道我取钱干什么吗？

博士说，你取钱干什么？

我说，我取钱是去买电脑零件，买了电脑零件就去修医院那台电脑。

博士说，不好意思，问题就出在你的电脑上，你的电脑如果是好的，就可以做出我的脑电图，做出脑电图医生就可以治好我的脑袋，治好脑袋我就可以修好我的电脑，这样电脑就会动脑子，电脑会动脑子了，银行工作人员也会动脑子了，他们动脑子了你就可以取钱了。你懂了吧？

我说，问题出在你的电脑上，你的电脑不会动，银行工作人员的脑子就不会动，他们的脑子不会动手就不会动，手不会动就不会给我钱，不给我钱我就买不到电脑零件，买不到电脑零件就修不好我的电脑，修不好电脑就做不出你的脑电图，做不出脑电图就治不好你的脑袋，治不好你的脑袋，你就脑袋疼。你懂了吗？

他说是我电脑有问题，我说是他电脑有问题。正说着，电脑亮了，嗡嗡嗡，电脑开始动脑子了。银行

> 所有的难题
> 都是由电脑故障
> 引发的。

电脑在银行业广泛运用

工作人员看电脑动脑子了也开始动脑子了。

用手指敲了几下，电脑屏幕显示了数据，并吐出一张纸条。银行工作人员抽出纸条，取了钱给我。

我接了钱，对博士说，这下好了，我有了钱就可以治好你的脑袋了，这回你懂了吧？

博士说，这回我懂了。但是，我脑袋现在不痛了，刚才是电脑出毛病了，我修不好才引起脑袋痛。电脑好了我脑袋也好了。

我说，我还得赶紧去修电脑，我脑袋也开始有点痛了。

小博士多多考考你

1.作者和博士分别遇到了什么难题？

_____

_____

2.如果不是银行的电脑突然恢复了正常，你认为作者和博士的难题，哪个更重要？

_____

_____

我的小收获

通过作者和博士之间的争执，我深受启发：电脑以其超强的计算和处理能力，给人类的生产和生活带来了很多便利，在有些方面已经远远超出了人的能力。但如果过分依赖电脑的话，就会使人类的手工劳动受到冲击。这样的话，一旦电脑出现问题，就会给人们带来无尽的麻烦，使生产和生活遭受到严重的影响。

电子计算机与多媒体

课文再现

《电子计算机与多媒体》是一篇说明文，简要地介绍了从电子计算机的发明到多媒体的应用的基本情况，展示了电子计算机的飞速发展和灿烂前景。

小博士多多有话说 <<<<

　　大家好，我是小博士多多。在《电子计算机与多媒体》一文中，我们了解了电子计算机和多媒体的基本发展状况。现在，计算机和多媒体的使用已经发展到一定高度了，与我们的生活息息相关。比如，有的人用计算机来放牧，不可思议吧？一块儿去看看吧。

课外链接

计算机放牧

　　随着科学技术的发展，人们越发"懒散"。如今，有人居然坐在家里就能轻轻松松地放牛牧羊了。

　　美国畜牧专家迪恩·安德森发明了一种音响遥控放牛系统。使用这种声控系统的实验牧场上可以不设铁丝围栏，取而代之的是看不见的虚拟围栏。这种音响遥控放牛系统把微小的遥控话筒安置在牛的左右耳背后，牛对像小鸟尖叫似的模拟声音最为敏感，操作时，只需使牛耳背后的话筒发出声响，牛就会向左或向右转身。通过全球卫星定位接收系统和数字地图，"放牛者"可以准确地知道牛群的位置，并可控制它们不越过虚拟的牧场界线。这样，"放牛者"只需坐在家里的计算机前，用鼠标把电子地图上的虚拟围栏界线调整一下，就可以把牛群赶到想要去的新草场。

> 很难想象，世上还有什么是电脑无法完成的事情。

放牧中的羊

澳大利亚"电子牧羊"计划有望免除牧羊人每天在尘土弥漫的牧场巡查的辛劳。他们只需坐在计算机显示屏前，靠操作鼠标遥控放牧。这项由澳大利亚绵羊合作研究中心推出的"电子牧羊"计划，旨在利用先进的电子系统，追踪监测羊群中的每一只羊，并以此为依据作出管理及行销决策。在旱季，这项计划将帮助牧场主迅速筛选出健康状况较差的羊，给它们额外的食物。收剪羊毛时，又能根据羊毛的质量将羊群分组。"电子牧羊"计划还能使牧场主及时了解哪只羊羔已经可以出售，水槽是否已干，羊毛厚度是否已达到标准等。该计划无疑将使牧场主节约支出，因为他们能够根据每只羊的特征作出相应的安排。

小博士多多考考你

1.文中的"放牛者"是如何利用计算机技术把牛控制在牧场界限以内的？

_____

_____

2."电子牧羊"计划可以给牧场主带来哪些便利？

_____

_____

我的小收获

　　读了本文后我们了解到，电脑具有超强的计算和处理能力，一旦与全球卫星定位系统联手，就好比长了"千里眼"和"顺风耳"，大大扩展了它的工作区域，从而去完成人力无法胜任的工作。我相信，今后我们会享受到科技带来的更多便利。

盲人计算机

　　当今社会进入信息化、网络化时代，电脑已不是什么稀罕物，它已成为人们工作、学习、生活中的重要帮手，网络则更是人们相互沟通和传递资讯的主要途径之一。但是，对于低视力人群和盲人来说，鼠标、键盘、显示器这些必须依靠视觉才能进行操作的电脑设备，似乎注定了他们对于使用电脑永远是"不可望"也"不可即"的。

　　那么，有没有办法能让低视力人群和盲人朋友正常使用电脑，并在网络世界中遨游呢？随着科技的进步，已经得到肯定答案。它就是新开发出的盲人计算机。

　　"盲人摸象"的故事大家都听说过，虽然其寓意是告诫人们不要以一知半解的局部认识代替整体认识而妄下结论，但人们从中也可以看出盲人生活的不易，他们认知世界的方法主要是通过听觉和触觉。

　　生活中，同一本书籍的盲文版要比普通版厚重许多，这是因为盲文是依靠间隔的突起来达意的。而这也就使得科技人员在为低视力人群和盲人朋友设计研发适于他们使用的计算机时，有了第一个切入点：键盘上要带有盲文标识。

　　再就是将普通计算机显示器上的图像和文字通过专门软件的处理转换成低视力人群和盲人朋友可以听得见的声音。其中语音向导模块可以帮助使用者进行网络拨号、邮件收发、页面"浏览"等操作。文件阅读模块可以让使用者听到其所感兴趣的文档，此外，

> 匠心独运的设计和全面的功能，必将为盲人群体创造出精彩纷呈的生活。

语音软件还能提供系统操作的语音提示，比如文件菜单、新闻链接、编辑步骤等均可用不同的声响来表示。据此，使用者可以得知当前操作的位置状态。

在网络中遨游同样是低视力人群和盲人朋友的心愿。为了能让低视力人群和盲人朋友们如愿以偿，工程技术人员对普通电脑中的网页进行了分解和重组，将网页中的重要元素转换为通过语音导航软件编成的语音提示，这样使用者就可以一层一层进入这些网页的各个部分。

……

鉴于使用人群的特殊性，产品在上市前的测试环节尤为重要，必须通过适用人群的先行试用，在获取大量反馈信息后，经不断完善改进才能算"功德圆满"。

如今，黑龙江省哈尔滨市盲人学校里的孩子们正跟健全人一样在使用计算机，你看：他们有的在"浏览"网页，有的在收听歌曲，还有的正在接收或发送邮件……也许，通过这一发明所带来的与"光明世界"沟通的新方式，会改变这些孩子们的一生，但又何止仅是这里的孩子？

1. "盲人计算机"的设计充分考虑了盲人的什么特点？

_____

2. "但又何止仅是这里的孩子"一句运用了什么修辞手法？寄托了作者怎样的愿望？

_____

_____

我的小收获

> 盲人生活在一个黑暗的世界里，只能通过听觉和触觉与外界交流，心里一定非常孤独。但有了"盲人计算机"后，盲人可以与外部世界进行畅通无阻的交流。通过科技人员匠心独运的设计，我体会到了社会对盲人的关爱，同时也体会到了科技给人们生活带来的便利。

新型电脑的自述

我是一台新型电脑，毫不谦虚地说，我是电脑家族的宠儿。

现在我的身影已经悄然走进了千家万户。论资排辈，我只能排行老五，但我的作用不可低估啊！当然，这要归功于人们为我添置的两个黄金搭档——多媒体技术和互联网。那么，什么是多媒体技术呢？

多媒体技术是一门新兴的技术，它赋予了我新的内涵，极大地丰富了我的功能，扩大了我的应用领域。

所谓多媒体技术，就是把传递信息的文字、图像、声音等多种媒体集成一体的处理技术。它打破了以往信息传递只靠无声文字与静止图片的一统天下，从而使我成为声、像、图、文等并茂的信息存储和传输的实体，无限地拓宽了我的"生存空间"。

那么多媒体技术是什么构成的呢？它主要是在我的父辈身上配备一些特殊的硬件，如声卡、视频卡、试读光盘等。当然还需要配置一些使这些硬件和谐工作的多媒体软件。

如果把我同电视、电话、传真、录像、音响等组合起来，我除了能写作、绘画、计算、游戏等以外，还能收到各种意想不到的效果，如可接收电视、放唱片、演唱卡拉OK，还能提供电信服务，等等。真的使我的祖辈、父辈们自叹不如！

拥有多媒体技术虽然使我如虎添翼，身价倍增，但在信息产业高度发展的今天，为了能使我们这些兄弟姐妹实现大家庭的团结，实现资源共享，于是便产生了网络系统。其主要用途就是使我们这些分散的电脑兄弟姐妹通过通讯线路连接起来，实现资源共享。电脑国际，人们更习惯称它为"因特网"。加入了因特网就会收到"天涯若比邻"的奇特效果。

由于国内国际高科技公司的紧密合作的加深，我们的网上也不断设立了一些网站。这些网站就像人类社会中的商店、书店、图书馆、邮局、银行等一样，向人们提供各种服务，人们可以在琳琅满目的"信息高速公路"上自由地驰骋；可以随心所欲地浏览各个网站提供的各种信息，享受各个网站提供的各种服务。并且，由于在网上交流不受时空限制，你可以与网上素未谋面的客户无拘无束地聊天。不仅如此，我们还推出了网上学校、网上办公、网上炒股、网上购物、电子邮件、博客等新兴业务。我可以大言不惭地向高度文明的现代人宣布：我真正地实现了人们"足不出户而知天下事，并且能做天下事"的伟大理想。当然，这还得感谢造就我的人们——伟大的人类。

1.是哪些技术使电脑拥有了更强大的功能？

_____

_____

2.什么是多媒体技术？（可用文中原句回答）

_____

_____

我的小收获

通过学习本文，我对多媒体技术和互联网功能有了更多的了解。尽管一台电脑的功能非常有限，可一旦把电视、电话、传真、录像、音响等硬件设施和电脑整合在一起，电脑就拥有了强大的功能。而互联网则把世界每一个角落的电脑联系在一起，给人们提供了极大的便利，从而深刻影响着人们的生活方式。

小小资料箱

计算机病毒

生活中，人常常会受细菌、病毒的感染而得病。计算机也会受感染而得病。计算机病毒和危害人体健康的病毒不同，它实际上是一种特殊的程序。这种程序运行的时候，会使计算机软件功能失灵，运行速度减慢，或者使计算机内储存的数据遭到破坏，甚至使整个系统瘫痪，造成巨大的经济损失。

奇妙的国际互联网

课文再现

　　《奇妙的国际互联网》是一篇介绍现代科技的说明文。课文通过对国际互联网的结构、工作原理及与人们日常工作、生活的关系的介绍，让我们了解了国际互联网的奇妙，以及它给人们的学习、工作、生活带来的越来越多的方便。

小博士多多有话说 ‹‹‹‹

　　同学们好，我是小博士多多，在《奇妙的国际互联网》一文中，我们对互联网有了初步的了解。互联网为我们的生活带来了很多的便利，我们可以在上面找到很多有用的资料。现在的互联网也还在发展之中，你想象中的未来互联网是什么样子的呢？

课外链接

互联网：一个真实的世界

　　认识互联网，或者说亲近互联网，近一步说，依赖互联网，并消除对互联网的偏见、不屑和鄙夷，我必须先讲一个我亲历的故事。

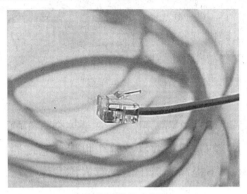

电脑网线的水晶头

有一次，我从文联大楼办完事出来，欲回到马路对面的编辑部（我的办公室）。

下到一楼的时候，突然胸部剧痛起来，而且来势凶猛，猝不及防。这种疼在我的人生经历当中是没有过的，我一直很健康，即便喝完酒也要打抱不平，滔滔不绝地跟人家讲理。可这次完了，我的腿已经软了，像两只立起来的空布袋子似的，几乎迈不动步子。

我已经回忆不起我是怎么走出文联大楼的，又是挺着怎样一副古怪的表情同遇到的熟人打招呼，然后才走到街上。我们的编辑部就在街的对面，而这条街恰恰是这座城市的一条主干道，来往的车辆十分繁忙，行人通过红绿灯需快跑才行。苍天有眼，这时不仅是绿灯，而且道路两旁居然没有我少车辆。我极其缓慢地过了马路，像步履蹒跚的老人那样。

这时候，胸部的疼痛愈发厉害，此刻，我已脸色灰白，汗水淋漓了。我记得当时我穿了一件呢子大衣。在这种疼痛的情况下，我居然想到了美国的作家德莱赛，真是不可思议。

回到自己的办公室时，我已经是疼痛难忍了，就像有人用干草在胸膛的伤口上搓拧着，我终于忍不住呻吟起来。陷入极大的困惑与疼痛中的我自言自语地说："这是什么病啊？怎么这么疼啊？"

后来，实在疼得无法忍受了，我便打电话让在对面办公室当编辑的小女儿过来，我跟小女儿说："回家吧。"

我们父女俩走下楼，打了一辆出租车回到自己的住处，到了屋里，我立刻让女儿预备一个热水带，想要暖一暖胸。因为在我的经验里，有病的时候通常都是用热水带暖一下就好了。然而，这一次不仅没有好，疼痛反而越来越重，有一种死神降临的感觉。就在这个时候，小女儿迅速地上网查了一下，然后跟我说："爸，你这可能是心肌梗塞，我上网查了。必须马上打120。"打过120后，不到20分钟救护车就来了，把我送到医院，经过治疗，一切化险为夷。

从此，我对互联网有了恩人般的感情，并且立刻把家里的拨号上网改为宽带上网。还在小女儿的帮助下申请了自己的邮箱。

互联网像忠心耿耿的秘书一样给我提供方便，它不仅帮我传递信件、稿件、信息，当我在写作中遇到某些模糊的年代和人名的时候，不必去翻书，上网一查就清楚了，真是妙不可言。

> 互联网帮作者脱离了危险，也改变了作者对待互联网的态度。

有人说，网络是一个虚拟的世界，我不这么看，我认为它是一个真实的世界。什么是真实的世界？就是人离不开的世界。我喜欢这个世界，它把原有的世界成倍地扩大了，使得我的效率一下提高了若干倍。有人称我是文坛上的一个快手，这得感谢互联网。

小博士多多考考你

1.作者在文中用大量篇幅写自己发病的情景有什么作用？

_____

_____

2.互联网除了帮作者脱离危险，还给作者带来了哪些便利？

_____

_____

我的小收获

通过作者的亲身经历，我们不难看出互联网对人们生活的重要影响。科学技术是一把双刃剑，能为人类造福，也能给人类带来灾难。互联网也是如此，人们之所以对互联网有偏见、不屑和鄙夷的态度，是因为只看到了它不利的一面，而忽略了它丰富的信息量和强大便捷的功能。

给下一代互联网画像

与现在的互联网相比，下一代互联网将会更广、更快、更安全、更及时、更方便。

当你在家看电视的时候，突然有电话打入，互联网将主动把电视调成静音，接完电话后，声音将自动调回。如果你要出门，互联网会将你出门的信息传送给电梯，当你到达电梯口时，电梯就已经停在你所在的楼层等你。

> 下一代互联网强大的功能，寄托着人们对科技美好前景的向往。

这不是天方夜谭，也不是在比尔·盖茨布满网络的豪宅里才会发生的事。中国科学家正在研究的下一代互联网将把我们带进真正的数字化时代：家庭中的每一个物件都将可能被分配一个IP地址，一切都可以通过网络来调控。

不仅如此，科学家们还为我们描绘了下一代互联网的广阔前景：

支持大规模科学计算，实现网络之间大容量、高可靠性的数据传输，实现分布式高速安全交易和全网计费审计，为具有大规模、多站点分布式计算和数据挖掘技术特性的重大应用提供服务。

提供端到端高性能传输和无线或移动接入服务，实现大规模点到点的视频通信。

正在利用互联网工作

支持大规模视频会议、高清晰度电视；建设纯组播环境、提供服务质量控制；实现基于组播、具有网络性能保障的大规模视频会议和高清晰度电视广播应用。

支持远程仪器控制、虚拟实验室：建立具有实时远程控制功能的虚拟现实环境，实现远程仪器控制和虚拟实验室，以及远程控制信息传输的高可靠性、安全性和实时性。

实现真正的远程教育：基于交互协同视频会议技术进行远程授课和辅导；基于高清晰度视频广播技术进行授课内容回放；基于按内容流媒体检索和点播技术实现随时随地按需学习；实现海量信息存储与检索等。

TCP/IP协议合作发明者、互联网雏形Arpanet网络系统设计者罗伯特·卡恩博士甚至这样形容以IPv6为基础的下一代互联网给人们带来的变化：无论是在家庭还是在移动领域，未来支持IPv6的设备将成为人们生活的主流，例如IPv6手机、IPv6汽车等。那时候，各个国家的DNS也将消失，互联网的应用将层出不穷。

> 权威的评论，为我们展现了科技发展的美好蓝图。

如果从美国正式开始下一代互联网研究算起，中国与世界第一代互联网的差距是20多年，但在第二代上，则只有短短几年，下一代互联网给了大家共同发展的可能与机会。

从经济到社会发展乃至军事领域，互联网续写了美国神话，确保了美国在全球的霸权地位，维持了美国经济发展史上少有的十余年的持续繁荣。

而下一代互联网的到来将打破这种格局，从IPv4到IPv6，所有配套的软硬件都将逐渐面临一个挑战，来一次重新洗牌，这给了很多企业以新的机会，有可能打破现有网络经济的格局。比如路由器上，就可能不再是思科一家独大。在各种应用上，也将会给无数国家及公司更多机会。

与现代互联网相比，下一代互联网将会更广、更快、更安全、更及时、更方便。

基于以上特点，未来的互联网将更方便、更及时，真正的数字化生活将来临。随时随地，我们可以用任何一种方式高速上网，任何可能的东西都会成为网络化生活的一部分。

1.与现代互联网相比，下一代互联网技术具有哪些突出的特点？

2.下一代互联网具有哪些广阔的前景？请举出三个具体的例子来。

_____

_____

我的小收获

通过科学家们对下一代互联网技术的展望，我们看到了科技发展的美好未来，仿佛已经感受到了下一代互联网技术给我们生活带来的种种便利。当然，我们不能一味沉湎于对未来科技的惊叹不已当中，还要从现在做起，努力学习科学文化知识，这样才能紧跟时代的脚步，为社会和科技的发展作出自己的贡献。

小小资料箱

为什么飞机上不能使用手机？

飞机在高空中是沿着规定的航向飞行的，整个飞行过程都要受到地面航空管理人员的指挥。在高空中，飞行员一边驾驶飞机，一边用飞机上的通信导航设备与地面进行联络。飞机上的导航设备是利用无线电波来测向导航的，它接收到地面导航站不断发射出的电磁波后，就能测出飞机的准确位置。如果发现飞机偏离了航向，自动驾驶仪就会立即自动"纠正"错误，使飞机正常飞行。而当手机通话时，会辐射出电磁波，干扰飞机上的导航设备和操纵系统，使飞机自动操纵设备接收到错误的信息，进行错误的操作，引发险情，甚至使飞机坠毁。除手机外，寻呼机、笔记本电脑、游戏机也会产生辐射电磁波，因此这些设备也不能在飞机上使用。

美丽的太空世界

太空生活趣事多

课文再现

《太空生活趣事多》是一篇富有科技常识的文章，通过介绍宇航员在宇宙飞船里怎样睡觉、喝水、走路、洗澡的事，初步介绍一些太空生活的常识，旨在激发同学们了解科技、热爱科技的兴趣。

小博士多多有话说 <<<<

同学们好！我是小博士多多。在太空生活产生的趣事，根本上都是因为真空中没有重力引起的，但这却是人类征服太空的重要环节。因此，有人设想了宇航员的"金钟罩"，让宇航员能够顺利地在月球生活。随着太空事业的不断发展，太空旅行业兴盛起来，你知道什么是太空旅行吗？一块儿去看看吧！

课外链接

宇航员的"金钟罩"

在月球上，有许多东西可以杀人于无形：真空、极端高温或低温和宇宙

辐射。前两者人类都可以对付，宇航服和基地能提供大量的空气，发挥良好的保温效能。相比之下，宇宙辐射就棘手得多。

太阳、超新星等天体不停地向外喷射高能粒子流，形成宇宙射线。这些高能粒子能穿透人体，损伤DNA，使人体患癌的危险增加19%。头顶上辐射无处不在，那脚底应该没事吧？这样想你就大错特错了。

> 看来，在月球上生活不是件容易事，要采取很多措施呢！

当宇宙射线中的粒子击中月球表面时，会引发微型的核反应。换句话说，月球表面就是放射性的，它不断地以中子的形式放出更多的辐射。

那么，有什么办法对付它们呢？科学家煞费苦心，设计了"三重金钟罩"来抵御这些"幽灵杀手"的进攻。

建个球形防护屏

对宇航员来说，在月球上，最大的威胁是来自银河系的杀手，即宇宙射线中的高能粒子。它们就像微小的加农炮弹珠，能轻而易举地穿透金属外壳，钻破人的皮肤，打断细胞中遗传物质DNA的双链，毁坏基因甚至杀死细胞！这是让人难以接受的。

为了防御它们，科学家打算建立一种球形的防护屏。简单地说，就是安置一定数量的球形电场发生器，建立一个综合电场。电场可以产生静电，制造相当于地球大气一般的强力环绕磁场，以消除辐射。

月球砖防辐射

面对强烈的宇宙辐射，即便有了球形防护屏，也还远远不够。科学家又打算就地取材，生产月球砖，来建造半圆形的防护屏，作为第二重防护。

宇航员

在月球表面，覆盖着大量的岩石碎屑和尘埃，像沙一样，叫做风化层，也就是月壤。它是由无数的陨石冲击而产生的。风化层非常重要，通过它，可以解读出独特的太阳辐射的历史。

科学家认为，可以将月壤和就地加工的水与二氧化碳的聚合物混合起来，然

后，用微波将这种混合物调匀，做成看起来像塑料一样的砖块。这些砖块的防辐射效果显然要更好！

新型铠甲显神通

为了进一步提高防御力，科学家正在打造一种铠甲，以用来做第三重防护。这种铠甲的原料就是新型聚乙烯。科学家发现，这种材料具有轻质和富含氢的优点，能有效吸收宇宙辐射，比制造"阿波罗"飞船的金属铝还能多吸收20%的射线。

要制作这种铠甲可不容易，它是由200~300层互相叠放在一起的聚乙烯薄膜制成的"装甲砖块"。此外，还必须在氮气中经受热冲压。

不光如此，科学家们还开发出一种超强聚乙烯材料，它比铝要硬10倍，并且轻许多。

随着科学技术的发展，对付"幽灵杀手"宇宙射线已不是不可能。关键在于要通过可靠的实验作出最好的选择，为人类未来的太空生活打造一道牢固的安全防线。

1.在月球上生活，最大的威胁是什么？

_____

_____

2.科学家们正在打造的铠甲为什么能起到防御作用？

_____

_____

我的小收获。

通过这篇课文，我了解到了在太空生活的很多危险，我们的宇航员真是当之无愧的英雄呀。随着科学技术的不断发展，我相信总有一天，我们能在太空中如鱼得水地生活，科学家们默默的耕耘总会得到回报的。

太空旅行

太空行走

太空旅行是基于人们遨游太空的理想，到太空去旅行，给人提供一种前所未有的体验，最新奇和最为刺激的是可以观赏太空旖旎的风光，同时还可以享受失重的感觉。而这两种体验只有在太空中才能享受到，可以说，此景只有天上有。

宇航员要学会操纵航天飞船，而游客要做的，仅仅是听从宇航员命令，不要给担任"导游"的宇航员们制造麻烦，因此游客并不需要经过严格而系统的训练。虽然对太空游客的技术要求不高，但有一个条件是必需的，那就是健康的身体。

目前轨道飞行的2000万美元的费用，使太空旅行只能是"富人俱乐部"的游戏，因此，降低费用是扩大太空旅行市场的关键。不过，太空旅行的安全风险依然无法忽视。针对太空旅行的高风险性，美国联邦航空局已出台了第一部针对太空旅行业务的条例，该条例暂时没有强制要求太空旅行公司保证旅客人身安全，理由是太空旅行尚处于起步阶段；在太空旅行的过程中，游客的身体必须经受得起火箭起飞时的巨大噪音、振动、过载等种种考验，同时，还必须能够耐受强辐射、长时间失重等状况。

美国亚特兰大太空工程公司总裁及首席执行官约翰·奥兹指出，太空旅行市场如果要达到一定的规模，每次价格必须降到5万到10万美元之间，才能让大众接受。能够重复使用的宇宙飞船则为向太空运送更多的平民拜访者开辟了一条在经济上切实可行的途径。2006年7月，首架专为太空旅行开发的可以重复使用的"火箭飞机"已由美国加州一家名叫XCOR的太空旅行公司研制出来，并试飞成功。美国航空航天工业前景研究委员会建议开发低成本的商用太空旅行飞船——太空巴士，每次可坐20人左右。这种设想中的太空巴士，属于能运送游客往返于国际空间站与地面之间的双程轨道运输机。而航天能力同样不凡的俄罗斯宇航局则在2004年6月宣布，他们准备用C-21型航天器进行有偿载人飞行活动，每人的旅费仅为10万美元。

> "太空巴士"这一称谓不仅寄托着人类的飞天梦想，也表现了科学家们敢于挑战的精神。

尽管实现太空旅行仍然面临着许多问题，但是，人们依然相信，随着科学技术的发展，在不久的将来，"太空旅行平民化"将成为现实。

随着科技的进步，太空旅行会离我们越来越近，在不久的将来，火箭发射能力会逐渐增强，升空的舒适度也会大大提高，并且随着运载能力的提高，大规模太空旅行也将会实现。

科学家早就计划向太空发射人造天体，庞大的人工天体可以用来进行太空移民，但是目前还有很多的难题尚未解决。随着科技的进步，人工天体肯定会变成现实，将来将会有大量的人移民到人工天体上去，到时候他们便可以在太空中生活了。

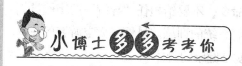

小博士多多考考你

1.第一自然段"此景只有天上有"一句中的"此景"，在文中具体指什么？

_____

_____

2.太空旅行为什么对身体健康有着特别的要求？请举例说明。

_____

_____

我的小收获

随着科学技术日新月异的发展，以往人类只能通过神话实现的飞天梦想一步步成为现实，并且这种前景离普通人的生活越来越近。通过这项科技，我们深深地感受到了科学家们勇于探索进取的精神，也感受到了人们对美好未来生活的憧憬。

妙不可言的位置

课文再现

　　《妙不可言的位置》是一篇科普小品文。课文以通俗易懂的语言介绍了地球在太阳系中的位置及地球和太阳的距离。正是由于这个距太阳不远也不近的距离，再加上地球本身有液态水这一可以产生生命必不可少的条件，使得地球和其他行星有了天壤之别。因此称地球的位置为"妙不可言的位置"。

小博士多多有话说 <<<<<

　　同学们好！我是小博士多多。因为地球的位置特殊，它的太空环境非常好，这对地球上生命的产生具有重要意义。因此，"位置"可是非常关键的呢。因为特殊的位置而产生的天文现象很多，如日食和月食等，让小博士我来给你们介绍介绍。

课外链接

日食是怎样产生的

　　日食是月球运行至太阳与地球之间时产生的一种天文现象。这时对地球上的部分地区来说，月球位于太阳前方，来自太阳的部分或全部光线被挡

日 食

住，因此看起来好像是太阳一部分或全部消失了。日食分为日偏食、日全食、日环食。观测日食时不能直视太阳，否则容易造成失明。

日食、月食是光在天体中沿直线传播的典型例证。月亮运行到太阳和地球中间并不是每次都发生日食，发生日食需要满足两个条件。其一，日食总是发生在朔日（农历初一）。但不是所有朔日必定发生日食，因为月球运行的轨道（白道）和太阳运行的轨道（黄道）并不在一个平面上。白道平面和黄道平面有5°9′的夹角。如果在朔日，太阳和月球都移到白道和黄道的交点附近，太阳离交点处有一定的角度（日食限），就能发生日食，这是要满足的第二个条件。

由于月球、地球运行的轨道都不是正圆，日、月同地球之间的距离时近时远，所以太阳光被月球遮蔽形成的影子，在地球上可分成本影、伪本影（月球距地球较远时形成的）和半影。观测者处于本影范围内可看到日全食，在伪本影范围内可看到日环食，而在半影范围内只能看到日偏食。

月球表面有许多高山，月球边缘是不整齐的。在食限或者生光到来的瞬间，月球边缘的山谷未能完全遮住太阳时，未遮住部分形成一个发光区，像一颗晶莹的钻石；周围淡红色的光圈构成钻戒的指环，整体看来，很像一枚镶嵌着璀璨宝石的钻戒，叫"钻石环"。有时形成许多特别明亮的光线或光点，好像在太阳周围镶嵌了一串珍珠，称做"贝利珠"（贝利是法国天文学家）。

"钻石环"和"贝利珠"等奇观，让我们感受到了大自然的神奇。

无论是日偏食、日全食或日环食，时间都是很短的。在地球上能够看到日食的地区也很有限，这是因为月球比较小，它的本影也比较小而短，因而本影在地球上扫过的范围不广，时间不长，由于月球本影的平均长度小于月球与地球之间的平均距离，就整个地球而言，日环食发生的次数多于日全食。

1.日食可以分成哪些种类？

_____

_____

2.发生日食需要满足哪两个条件？

_____

_____

我的小收获

　　通过本文的阅读，我不仅了解到了日食的不同种类，还懂得了日食是太阳、地球和月亮三个星体运动变化的结果。这些科学研究的成果，不仅破除了种种迷信的说法，还激发了我对自然科学的热爱。我一定努力学习科学知识，为将来探索宇宙的奥秘打下坚实的基础。

为什么会出现月食

　　月食是一种特殊的天文现象，指当月球运行至地球的阴影部分时，在月球和地球之间的地区会因为太阳光被地球所遮蔽，就看到月球缺了一块。此时的太阳、地球、月球恰好（或几乎）在同一条直线上。月食可以分为月偏食、月全食和半影月食三种。月食只可能发生在农历十五前后。

　　在每月农历十五、十六，月球会运行到和太阳相对的方向。地球在背着太阳的方向会出现一条阴影，称为地影。地影分为本影和半影两部分。本影是

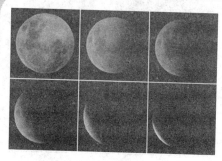

月　食

指没有受到太阳光直射的地方，而半影则指只受到部分太阳光直射的地方。这时如果地球和月球的中心大致在同一条直线上，月球就会进入地球的影子，从而产生月食。当月球整个都进入地球的本影时，就会发生月全食；如果只有部分月球进入地球的本影，则会发生月偏食。可有时候，月球并不会进入本影而只进入半影，这就会产生半影月食，由于它的亮度减弱得很少，所以一般用肉眼是无法察觉的。

月食的具体种类，取决于太阳、地球和月亮三者的相对位置。

　　月食总是发生在望日（每月农历十五），但不是每逢望日都有月食，这和每逢朔日不都出现日食是同样的道理。在一般情况下，月亮不是从地球本影的上方通过，就是在下方离去，很少穿过或部分通过地球本影，因此，一般情况下不会发生月食。每年月食最多发生3次，有时一次也不发生。

小博士多多考考你

1.当发生月食时，地球、太阳和月亮三者的位置关系是怎样的？

_____

_____

2.为什么发生月全食时，月球并不是完全看不见的？

_____

_____

我的小收获

　　读了本文之后，我了解到月食是太阳、地球和月亮三个星体运动变化的结果，并且对月食的过程和原理有了比较全面的了解。这样一来，我就可以运用了解到的知识去告诉爷爷奶奶，月食不是天狗吃月亮。

资料箱

行星也会打扮自己吗?

　　太阳系的几大行星都非常有名,可是有些行星在望远镜的镜头里却显得与众不同,好像精心打扮过的贵妇,特别漂亮!这是由于它们有或红色、或接近蓝色的美丽光环!

　　你知道吗?土星、木星、天王星和海王星都有自己的光环,可是这些光环究竟是什么呢?难道是像敦煌壁画中的丝带那样吗?那你就猜错啦!天文学家们认为,实际上这些光环一般是由尘埃与冷冻气体构成,其颜色是由构成光环的微粒大小决定的。

　　个头较大的微粒把白色太阳光散射后色谱接近红色区域,而个头较小的微粒却接近蓝色。原来如此,对于这一群名副其实的"爱美"的行星,不知道别的行星是不是很眼红呢?

飞船上的特殊乘客

课文再现

《飞船上的特殊乘客》介绍了经过航天旅行的植物种子所产生的变化，产生变化的原因，以及选育之后的食用、药用及他用价值。

小博士多多有话说 <<<<<

同学们好！我是小博士多多。种子之所以会发生变异，是由于受宇宙射线的辐射以及微重力、高真空环境的影响，遗传物质产生了微妙的变化。但最终能够获得性状稳定的优良产品离不开科学家的精心研究和培育。

在航天的过程中，除了植物是"神舟飞船上的特殊乘客"以外，还有很多别的"特殊的客人"，它们都是要去航空实验室做客的。让我们一起来看看它们飞向太空的使命吧！

课外链接

"神舟三号"上的乌鸡蛋

通过航天搭载将空间育种技术引入动物，不但能在胚胎发育、遗传变异等方面获得理论研究成果，而且也能丰富动物遗传育种研究的技术手段。

破壳而出的乌鸡

2002年3月20日，一批有限的搭载物品被装进"神舟三号"的返回舱中。这批搭载物品中有一盒乌鸡蛋。它在既安全又严密的包装下，随船遨游太空。这些乌鸡蛋的主人是中国科学院研究生院和中国农业大学。这些蛋产于2002年3月18日，属于江西省泰和县的"武山凤"这种品种。在空间，这些蛋将处于休眠状态，就像平常我们从商场买来的生鸡蛋一样，返回到地面后再进行孵化。其实验目的是研究空间环境对胚胎生长发育、遗传变异的影响及优选新品种。禽蛋胚胎的发育是离开母体的，不需要吃喝，是一类很好的空间实验材料，而乌鸡是我们国家的传统品种，纯合度高，经济价值高，所以科学家们选中了乌鸡蛋。

> 带什么物种去太空，是要经过严格的筛选的。

4月1日下午，按照计划，遨游太空6天零18小时、行程540余万千米、绕地球飞行108圈的"神舟三号"飞船终于从遥远的太空返回地面。

4月23日，3只还没有出生就经历太空之旅的雏鸡从乌鸡蛋中破壳而出，在中国农业大学诞生。经专家现场鉴定，3只小鸡两雄一雌。据中国农业大学动物科技学院教授杨宁介绍，在这次乌鸡蛋太空搭载实验中，9只受精乌鸡蛋经过7天太空遨游，绕地球飞行108圈后于4月1日毫发无损地返回地面，而且还取得了33%的孵化成功率，进一步说明"神舟三号"的生命保障系统十分完善，预示着我国航天技术和航天育种技术达到一个新的高度。

据介绍，"太空乌鸡的培育"是国家自然科学基金研究项目，由中国农业大学动物科技学院杨宁教授和中国科学院研究生院的陈玮老师负责，十多位科学家合作完成。破壳而出的3只雏鸡，为下一步的繁殖和建立种群提供了条件。

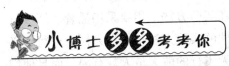

小博士多多考考你

1.为什么不把研制出来的空间孵化装置带入太空呢？

_____

2.乌鸡蛋的孵化需要多少天?

_____

_____

我的小收获

载人航天是正常的，也是人们渴盼的，载动物进入太空我们也可以理解，但是装载一盒乌鸡蛋就有点匪夷所思了，你能说说这是为什么吗？原来把乌鸡蛋送上太空，主要是研究空间环境对胚胎生长发育、遗传变异的影响及优选新品种。禽蛋胚胎的发育是离开母体的，不需要吃喝，是一类很好的空间实验材料，而乌鸡是我们国家的传统品种，纯合度高，经济价值高，所以科学家们才选中了乌鸡蛋。

动物航天

在浩瀚的太空中，除航天员外，还有远远超出航天员数量的各种动物曾经或正在太空中飞行着。人们为什么要花费如此大的代价把动物送上太空呢？

是呀，那不是浪费钱吗？

动物和人体实验证明，航天可以引起各生理系统的明显改变，但很多关于这些变化的潜在危害性、变化机理和有效防护措施等深入的医学研究不能在人体中进行。例如：为了探讨某些变化机理，必须从分子、细胞和组织水平上了解航天对人生理系统的影响，在实验方法上需要采用插管、埋藏电极、取活体组织器官等方法，这些损伤性的实验方法不能在人体中进行，必须用动物进行实验。同时，由于参加航天飞行的航天员人数有限，而且他们在飞行中任务繁忙，不可能进行很多的医学实验；又由于航天飞行中对人体的实验条件很难控制，一些因素（例如心理活动、实验前状态、采用的对抗措施等）也会影响实验结果，因此目前对人在太空环境，尤其是失重状态下

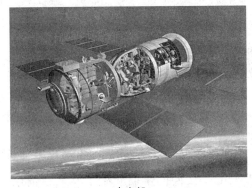

太空船

的一些生理变化规律尚未完全掌握，对生理系统变化机理的探讨也仅是刚刚开始。为了深入地开展航天医学研究，借助航天中的动物实验是必不可少的。

目前，动物航天实验在失重对骨骼系统、肌肉以及对神经感觉系统的影响方面，已经取得了一些医学成果。

在载人航天史上，动物航天起到了"先驱"的作用。将来，为了更好地开发和利用空间，.人们将会在空间长期地生活和工作，为了保证人的健康与安全，动物航天实验将来也是不可缺少的，动物又会为人类的长期航天再立"新功"。

小博士多多考考你

1. 人们花费巨大代价把动物送上太空的目的是什么？

_____

_____

2. 科学家们为什么不直接利用人体开展医学实验，而首先用动物替代？请用自己的话进行概括。

_____

_____

我的小收获

航天可以引起各生理系统的明显改变，但很多变化都存在潜在的危害性，这样的医学研究不能在人体中进行。另外，由于宇航员人数有限，任务繁重，加上航天飞行中很难控制人体实验的条件，因此人类必须借助动物航天实验开展航天医学研究，并且这种实验已经取得了一定的医学成果。

太空清洁工

课文再现

　　《太空清洁工》这篇课文运用拟人的手法向同学们介绍了"太空清洁工"的构造以及它是怎样清理垃圾的。

小博士多多有话说 <<<<

　　大家好！我是小博士多多。在太空中，人造卫星或者其他人造天体发生爆炸，就会产生很多很多的碎片，这些碎片是最危险的太空垃圾。为了保证太空环境的安全，我们就要想办法清除这些碎片，于是"太空清洁工"就应运而生了。也许你会问："不就是一些小碎片吗，哪有这么严重呀？"那就让你见识一下它们的厉害吧。

课外链接

太空垃圾勤清扫

　　太空垃圾会给航天器和航天员造成影响。当宇航员驾驶航天器在太空中进行探测时，一个小小的碎片都可能导致航天事故的发生，甚至威胁到宇航员的生命安全。为了减少太空垃圾对人类产生的威胁，科学家不断探索，设计出各式各样的"太空清洁工"。

"空间工友"：美国科学家设计出了一个名为"空间工友"的航天器，它由12只"空间垃圾箱"组成，在地球同步轨道上运行。当太空中的废弃卫星或碎片从它身边飞过时，它的机械臂会轻而易举地抓住目标，并放进"垃圾箱"，然后将它们分割切碎，使其坠入地球大气层并燃烧。

"激光扫帚"：美国航空航天局正在实验一种"激光扫帚"。如果"激光扫帚"锁定了某个太空垃圾后，它会发出一束激光，照射在太空垃圾背离地球的一端，使之部分升华为气体，利用气体的反作用力推动太空垃圾朝地球的方向运动，最终使其进入大气层，与大气产生强烈摩擦而燃烧。科学家主要用它来为国际空间站的运行清扫道路。

清理太空垃圾

"太空风车"：为了有效清除直径在1厘米以下的太空垃圾，美国科学家发明了一种巨大的风车式空间机器。这种风车有4个金属扇叶，每个长400米，宽45米，中心部分有控制电脑。"太空风车"能在空间中慢慢旋转以寻找碰撞目标。发生碰撞时，微小的垃圾碎片会嵌入金属扇叶从而达到清除垃圾碎片的目的。如果遇到体积稍大一点的垃圾，扇叶可能会被打穿，不过这不会妨碍扇叶的工作——碰撞会使垃圾的速度降低，这样它就没有足够的速度继续环绕地球运动，而是逐渐坠入地球大气层。

目前，科学家还在研制一种新的设备——"太空牧羊犬"。它主要是在卫星上加上一个收集网，网上有一根5000米长的轻型电子绳。当卫星到达指定位置后，会自动松开收集长绳。在地球磁场作用下，网袋会垂向地球的一侧。装进一定量的垃圾后，收集网就会带着垃圾一起坠入大气层烧毁。

看上去功能很强大哟！

随着人类活动范围的扩大，环保的概念也在不断地延伸。人类在爱护地球家园的同时，也要重视对太空环境的保护。希望在不久的将来，人类在宇宙中遨游时，面对的是一个干净、美丽的太空。

1."太空清洁工"在本文中具体指什么?

_____

_____

2.作者在文中重点介绍了几种"太空清洁工"? 它们分别叫什么?

_____

_____

我的小收获

太空垃圾对宇航员的威胁很大,因此清理太空垃圾已经成了迫在眉睫的事情。随着科技的发展,一些专门清理太空垃圾的"清洁工"们被研制出来并投入使用。科技的力量真是大啊,相信不久的将来,我们将拥有一个干净、美丽的太空。我一定要好好学习,将来为祖国科技事业的发展贡献自己的力量。

小东西,大威胁

20世纪50年代,当人类开始向太空发射各种航天器的时候,几乎所有人都为征服自然而欢呼雀跃,根本就没有人会想到,总有一天,那些完成了历史使命而因为无法回收被废弃在太空中的航天器,会变成致命的太空垃圾,从而给人类自己带来难以想象的麻烦。现在,各种太空垃圾严重地威胁着人类的太空活动,人类再也不能对这类垃圾熟视无睹了。

太空垃圾对于人类太空活动的主要威胁,不仅仅在于它的数量,更在于

环绕地球的太空垃圾

它致命的速度。我们都知道，物体的速度越快，相应地冲击力也就越大。飞行在宇宙空间中的太空垃圾拥有不可控制的高速度，对于正常工作的航天器而言，它是一种"不折不扣的恐怖"。根据专家的计算，一个直径为1.3毫米的铅球，当它成为太空垃圾并且以每秒10千米的速度在太空中飞行时，其撞击的威力相当于一门22毫米口径机关炮所射出炮弹的破坏力。而这也就是美国"奋进"号航天飞机在飞行的时候，会被直径小于0.2毫米的小小白色漆点在座舱玻璃上撞击出凹痕的主要原因。据说，现在"奋进"号航天飞机在飞行时，为避免"不愉快事情"的发生，每昼夜要有一次稍微偏离航线的飞行。

精确的计算，证明了太空垃圾的巨大威胁。

正因为太空垃圾给人类带来了诸多的麻烦，所以人类始终都在致力于减少太空垃圾对于人类太空活动的影响，并且设法逐步清除近地轨道上的太空垃圾。

小博士多多考考你

1. 标题中的"小东西"在文中指什么？它为什么能够对正常工作的航天器产生巨大的威胁？

_____

_____

2. 为避免太空垃圾的危害，美国"奋进"号航天飞机采取了什么措施？

_____

_____

我的小收获

日益增多的太空垃圾已经严重威胁到人类的太空活动，这真让人痛心。为什么我们不能在保护地球的同时，也爱惜爱惜我们的太空呢？让我们重视起太空的环保问题，还人类一个洁净的太空吧！

资料箱

地球的"保护伞"——臭氧层

众所周知，太阳辐射的紫外线对生物有很强的杀伤力。幸运的是，距地球表面 25～50 公里处有一臭氧层。臭氧是地球大气层中的一种微量气体，它是由三个氧原子（O_3）结合在一起的蓝色、有刺激性的气体。尽管臭氧层在地球表面并不太厚，若在气温为 0℃时，将地表大气中的臭氧全部压缩到一个标准大气压时，臭氧层的总厚度才不过 3 毫米左右，但它却能吸收太阳辐射出的 99% 的紫外线，就像地球的一道天然保护屏障，使地球上的万物免遭紫外线的伤害。因此，臭氧层也被誉为地球的"保护伞"。

只有一个地球

课文再现

《只有一个地球》这篇课文从人类生存的角度介绍了地球的有关知识，阐明了"人类只有一个地球"的道理，说明了保护生态环境的意义。

小博士多多有话说 <<<<

同学们好，我是小博士多多。人类在地球上生存，得到的一切都是地球母亲的馈赠，保护地球母亲，就等同于保护我们人类自己。地球是一个很特殊的天体，因此它孕育了生命。地球特殊在哪里呢？它的演变与生命有什么关系呢？我们一起去看看你就知道了。

课外链接

地球并非像一个实心铅球那样各处均匀，而是具有明显的圈层结构。我们都知道，地球的内部分为明显的三层——从里到外依次为地核、地幔和地壳。你是否知道，科学家把地球的外面也划分出五个圈层，并把它们分别称为大气圈、水圈、岩石圈、生物圈和冰冻圈。不同于内部圈层，地球外部各圈层间并没有明确的界限，而是相互作用和影响，彼此进行物质和能量的交换。这五个圈层就像地球身披的五件外衣，装扮着地球，更呵护着万物。

第一圈：大气圈

大气圈是地球外圈中最外部的气体圈层。大气圈的地盘不小，可是质量却不怎么大。地球大气圈气体的总质量约为5.136×10^{21}克，但这却仅相当于地球总质量的百万分之0.86。大气圈没有确切的上界，甚至在1.6万千米的高空仍有稀薄气体和基本粒子，但由于地球的引力作用，几乎全部的气体都集中在离地面100千米的高度范围内。云、雾、雨、雪等都发生在大气圈的对流层内。而在对流层和平流层之间，还有一个保护我们免受紫外线辐射的臭氧层。

第二圈：水圈

水圈是个活跃的大家庭，海洋、江河、湖泊、沼泽、大气中的水汽和地下水等都是水圈的家庭成员。各种水体参加大小水循环，不断交换水量和热量。有人说水圈是地球上最大的雕刻师，它造就了形形色色的地貌；也有人说水圈是世界上最成功的设计师，要不我们为什么称地球是一颗蓝色的星球呢？那可都是海洋的功劳。海洋还是一个巨大的能量储存库，它源源不断地吸收着来自太阳辐射的能量。而海洋中的洋流在热量输送和全球热量平衡中则起着重大的作用！

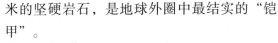

很形象的比喻，突出了"水圈"对地球生命的重要性。

第三圈：岩石圈

我们今天看到的山系和盆地，以及流水、冰川、风成地貌等，都是岩石圈物质循环在地表留下的痕迹。岩石圈是地球最外层平均厚度约为100千米的坚硬岩石，是地球外圈中最结实的"铠甲"。

欧亚板块、太平洋板块、美洲板块、非洲板块、印度洋板块、南极洲板块是岩石圈最著名的六大板块。在地球内部压力的作用下，岩浆沿着岩石圈的薄弱地带侵入岩石圈上部或喷出地表，冷却凝固形成岩浆岩。而裸露地表的岩浆岩在风吹、雨打、日晒以及生物的作用下，逐渐崩解成为砾石、沙子和

地 球

泥土。岩石圈如此循环，逐渐塑造出了各种地表形态。

第四圈：生物圈

充足的阳光、液态水、适宜生命活动的温度和各种营养元素是生物圈存在的基本条件。因此，地球上的生物圈成了太阳系所有行星中一个唯一而又独特的圈层。

地表以上100米到水下100米的大气圈、水圈、岩石圈等圈层的交界处，是生物圈的核心。要维持庞大的生物圈的生命活动，生物圈中的各种生物担当起了不同的角色：以绿色植物为代表的生产者，通过光合作用将无机物合成为有机物；以动物和人为代表的消费者，通过吃植物或其他动物为生；以微生物为代表的分解者，又将有机物分解为无机物。此外，生物对于大气和海洋的二氧化碳平衡也起着很重要的作用呢。

第五圈：冰冻圈

冰冻圈就是指地球表面水以固态形式存在的部分，包括所有种类的冰、雪和冻结土，如冰川、积雪、冻土、海冰、河冰、湖冰等。

由于人类文明的孕育正好是在第四纪冰期，所以科学家认为研究冰冻圈非常有价值。冰冻圈的变化还被誉为气候变化的敏感指示器。储存于冰冻圈内的气候环境信息十分丰富，如积雪、河湖海冰、冰川与极地冰盖的范围及冰量变化等均能反映不同时间尺度上的气候变化。大家都知道冰芯吧？它可为科学研究提供了丰富的、高分辨率的气候环境记录呢。

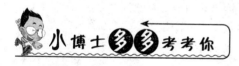

1.云、雾、雨、雪发生在地球的哪个圈层？

_____

_____

2.哪个圈层是使地球成为太阳系所有行星中一个唯一而又独特的圈层？

_____

_____

我的小收获

　　读了这篇文章我知道了原来地球还分为五个圈层呢，它们就是大气圈、水圈、生物圈、岩石圈以及冰冻圈，这五个圈层之间并没有明确的界限，而是相互作用和影响，彼此进行物质和能量的交换。虽然这五个圈层对地球的作用各不相同，但是它们都对地球起着保护作用。

地球的演变与生命诞生

　　46亿年前，地球刚刚诞生时与今天大不相同。根据科学家推断，地球形成之初是一个由炽热液体物质（主要为岩浆）组成的炽热的球。随着时间的推移，地表的温度不断下降，固态的地核逐渐形成。密度大的物质向地心移动，密度小的物质（岩石等）浮在地球表面，这就形成了一个表面主要由岩石组成的地球。

　　地球自诞生以来就在不间断地向外释放能量。由高温岩浆不断喷发释放的水蒸气、二氧化碳等气体构成了非常稀薄的早期大气层——原始大气。随着原始大气中水蒸气的不断增多，越来越多的水蒸气凝结成小水滴，再汇聚成雨水落入地表。就这样，原始的海洋形成了。海洋的形成和一些其他物质为生命的诞生提供了必要的条件。大约在38亿年前，最原始的生命体在海洋中诞生。

　　可以这么说，我们每一个人的生命，都在地球上经历了38亿年的演化过程，这是多么不可思议的事情！

　　一些有机物质在原始海洋中，经过长期而又复杂的化学变化，逐渐形成了生物体的基本物质——蛋白质，以及作为遗传物质的核酸等大分子物质。这些物质在海水中又经历了漫长、复杂的变化，最终形成了原始的生命。

　　生命自从诞生以来，就一直在往更高级、更复杂的方向进化。1859年，达尔文发表了《物种起源》，解释了生命进化的原因。达尔文认为生命都存

火山爆发

在变异，同种个体之间并不都是一样的。正是因为变异与遗传，拥有差异的生物个体越来越多。在一定的自然条件下，不适应环境的生物种群会被淘汰，而比较适应环境的生物种群就得以生存繁衍，这一理论被称做"自然选择"理论。正是因为自然选择，生命不断变异、繁衍、遗传和淘汰，地球上的生命种类发展到今天已有数百万种。如今，达尔文的自然选择学说已被人们普遍接受。

总之，地球的演变对生命的诞生起着决定性的作用。

小博士多多考考你

1.地球上的早期大气层主要是由什么构成的？

_____

_____

2.地球生命诞生以后，是按照什么样的方向进化的？

_____

_____

我的小收获

通过本文的学习，我懂得了地球上的原始生命产生于原始海洋中的有机物质，然后经过遗传、变异和自然选择，逐渐形成我们今天这个丰富多彩的生物世界。生命诞生和演变的过程，让我们不得不为大自然的神奇惊叹不已。

火星——地球的"孪生兄弟"

课文再现

《火星——地球的"孪生兄弟"》是一篇科普题材的课文，通过和我们十分熟悉的地球相对比，让同学们对火星的环境有了一定的了解，激发了同学们探索宇宙奥秘的兴趣和培养热爱科学研究的志向。

小博士多多有话说 <<<<

大家好！我是小博士多多。我们知道，水和大气是孕育生命最重要的条件。在太阳系中，火星的太空环境和地球相近，那么它会不会有生命存在呢？长久以来，人类都在不断地探索着，并且我们也相信，人类总有一天会揭开火星的神秘面纱。

课外链接

人类从未停止过对外星生物的寻找，作为地球近邻的火星，则被寄予了更多的期望。按推理，极端微生物应是火星生命的先遣部队。所谓极端微生物，指的就是那些生活在高温、高盐、高酸、高辐射等极端环境中的生命形式。

火星曾经经历过炽热年代，但现在是另外一副模样。有数据表明，火

火星

星地表温度最高不过28℃，夜晚却降至零下132℃。所以寻找火星生命又多了新思路——耐寒生物。"凤凰"号选择在火星北部挖土，也是基于这个考虑，因为火星极地与地球极地类似。

极地冰虫一度被认为最具有外星生物特质。它可能是世界上最不怕冷的生物，有一副超级耐寒的身体。除了受得起冻，极地冰虫还挨得起饿。科学家做过实验，把几只冰虫搁在冰箱里，两年不给吃喝，它们一点也不在乎，依然顽强地生存着。但是，极地冰虫根本没法适应火星上的巨大温差。因为它们十分怕热，只要温度高于4℃就会"死翘翘"。相比火星上的干燥，它们在地球上所生活的环境却是非常潮湿的。另外，火星的恶劣环境还包含其他已知或未知的因素，比如探测表明，火星上存在镁硫酸盐等一些由于液态盐水的作用而形成的矿物质。高盐含量会对生物细胞，特别是细胞中的DNA造成破坏，因为盐分将水分了挡住，使生物无法获得所需水分，DNA就会断裂，细胞将相继死亡。在这种盐分太重的环境中，一般生命是无法存活的。

当然，高盐环境并非是所有生物的绝境，嗜盐菌对此就满不在乎。在含盐量最大的水域——死海，有大量"抗盐"微生物存在。它们可以产生一种蛋白质，保护自己免受盐水的侵扰。它们还是自我修复的高手，有一套复杂的DNA修复技术，可以在高盐环境里逍遥自在地生活。嗜盐菌还有着无敌的繁殖能力，10个嗜盐菌3～4小时就能育出数百万个后代。如果它们登陆火星，要完成自己的一番霸业，看起来似乎易如反掌。只是嗜盐菌也有软肋，它们吃不得醋，怕酸——要消灭食物中的嗜盐菌只需加几滴醋就可以了。火星上的高酸性环境显然会是它们的噩梦。

那么，能不能在地球上找到一个与火星相类似的"大环境"呢？中国的索尔库里沙漠可能是个绝好的选择。索尔库里沙漠几乎就是火星恶劣环境的地球模拟版——极端干旱，那里有着巨大的昼夜温差、湿度差以及强烈的太阳辐射。

在索尔库里沙漠，有一种蓝藻悠然自得地生活着。如果在地球生物中海选首批火星移民，或许蓝藻有可能会胜出，但是，它也不是最佳选择。有一种名气远逊于蓝藻的小动物，是目前所知生物当中最顽强的，这个世外高手的大号便是——水熊虫。

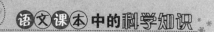

水熊虫属缓步动物门，体长大概在0.1~1.5毫米间，外形像熊，有脑，有嘴，有眼，有神经系统，甚至和高等动物一样长有肌肉纤维和爪子。水熊虫被认为是一种超级进化的产物。直到现在，科学家们都还在为如何人工杀死一只水熊虫而头疼。

水熊虫可以主动脱去体内99%的水分，把代谢率几乎降到零，而人类的脱水极限是体重的4%。零下271℃对水熊虫来说不算太冷，150℃的高温也不过比较暖和罢了。它们可承受600兆帕的高压。在pH值为1的强酸以及pH值为13的强碱下，很多动物会被腐蚀得连骨头都找不着，水熊虫却一点事也没有。在百万分之一毫米汞柱的近真空状态下（接近太空的环境），它们还能"留得青山在"。如果地球发生核战争，最后的留守者可能只有水熊虫，因为它们能承受5.7万伦琴的X射线辐射，原子弹对它们而言，是种无效的武器……

水熊虫的绝技是"隐生"，即让自己成为一种"潜在的生命"，有点像冬眠。不管处在如何恶劣的环境下，它都能够立刻脱掉体内水分，进入"隐生"状态，这让它们可以扛过各种极端条件。水熊虫的这项本领，绝对不是只应付一时之需，它们完全可能"潜伏"千万年。有科学家在盐矿中发现"隐生"数千年的水熊虫，给予水分和营养后，它们很快醒过来，并继续正常的生理活动，真是"给点阳光就灿烂"。

> 人类的想象力真是丰富，很多科技进步或重要发现都是从想象中来的呢!

作为一种原本就已经比较高级的动物，水熊虫如果真能成功移居火星，在那种特殊环境里，说不定它们会以惊人的速度完成进化，最终出现高智能生物——火星人。

假如有一天，有长相奇怪的火星人突然光临地球，我们不要惊讶，也不要惶恐不安，他们或许只是来寻根的。而他们的始祖，可能就是当年派出去的卧底——水熊虫!

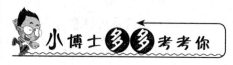
小博士多多考考你

1.什么是极端微生物？

_____

_____

2.地球上哪个地方的环境和火星环境极为相似？

_____

_____

我的小收获

　　人类对外太空的探索从来没有停止过，对地球的"孪生兄弟"——火星的探索寄予的希望则最大。因为火星极端的环境，科学家们已经实验过极地冰虫、嗜盐菌、蓝藻，但都因为某种原因失败了，不过目前人类所知生命力最顽强的水熊虫又给人们带来了新的希望。人们期待水熊虫能够在火星安家，并演化出高智能生物。

探测火星生命之旅

　　早在1609年，伽俐略发明的第一台天文望远镜开辟了人类探索地球外生命的新纪元。

　　现在天文生物学成了一门大学学科。从理论上讲，火星有能力造就生命。火星上面有着太阳系最大的火山和峡谷，它就像一个被抽干后的海洋河床，有着显著的海岸线。地球上的河床、冲积平原、化石湖及洪水留下的溪谷在火星上面都能找到。火星上的大气主要由二氧化碳构成，这与地球出现生命之前的大气结构相似。但现在火星上几乎没有任何大气，也没有流动的水。如果火星上曾经有过海洋，那么它的大气密度应该很大。那它们到哪里去了呢？它们是否仍然在火星的某个地方？它们是否由于灾难性的宇宙冲撞而剥离了呢？抑或曾经保护过火星的磁场消失，令整个星球赤裸裸置于阳光无情的炙烤和恒星的辐射之中，最后水慢慢地被分解为分子，使大气和海洋一点点消失了？那些与生命有关的有机分子哪儿去了呢？虽然它们不足以制造生命，但是就像雨点从太空飘落到地球一样，它们也飘

　　一连串的疑问吸引着读者对火星的强烈关注。

火星探测器

落到火星了吗？

人类在探索火星的同时，也从另外的角度为火星生命存在的可能性寻找证据。

长期以来，研究火星的科学家曾就火星是否藏有冰冻水费尽心思。特别是1997年，天文学家透过火星表面上的峡谷和海床般的地形，推断火星曾是一个又湿又热的星球。现在火星变得又干又冷，表面温度仅约为零下53℃，专家对"水到哪去了"大感兴趣。冰冻水的发现，让人类在认识火星上又前进了一大步，但许多科学家为此所付出的年华却鲜为人知。

根据初步估计，火星地下含冰层的深度随纬度不同而有所差异。在火星南纬60度地区，表面之下60厘米处就是含冰层。南纬75度地区的含冰层相对较浅，距离火星表面仅30厘米。除南半球外，火星北半球也有类似的地下含冰层。以质量测算，火星含水层中冰冻水比例可能达到20%～35%。

在火星上发现水，水又恰是生命诞生的源泉，于是火星生命的存在与否又成了一个空前的焦点话题。诚如美国国家航空航天局的负责人所说："我们将沿着水的痕迹继续在火星上寻找生命。"

挫折不可能泯灭人类挑战未知的欲望，相反却使探索火星的计划更加缜密而细致。在接下来的2001年4月7日，"奥德赛"火星探测飞船的顺利发射升空，开始了又一次漫长的火星之旅。"奥德赛"除配备辐射探测装置外，还载有用于测定火星化学成分和矿物质分布的仪器，并肩负着确定火星上是否有水存在的探测任务。它进行的是一次非着陆探测。2001年10月，"奥德赛"号火星探测器在历经200天、航行2.86亿英里之后正式进入火星轨道。诚如所料，该飞船成功进入火星大气轨道并传回大量的观测数据。

当年3月初，美国太空总署公布"奥德赛"首批观测数据显示，火星南半球上有冰水存在的迹象。接着，美国太空科学研究人员又相继剖析了"奥德赛"火星探测飞船发回的数据，结果发现火星表面不深的地方，可能埋藏着多得超出想象、以冰冻状态存在的水，足以支持人类将来在火星进行探险活动。天文学家指出这是一个具有重大意义的发现，不仅有助于人类挑选未来登陆火星的位置，而且有助于寻找火星上的生命迹象。

1.科学家们推断火星有能力造就生命的依据是什么？

_____

_____

2.对研究火星的科学家来说，在火星上发现冰冻水有着怎样的意义？

_____

_____

我的小收获

通过本文的阅读我了解到，地球可能并不是唯一存在生命的星球，火星等其他星体都有可能存在生命的迹象。相信随着航天技术的不断发展，人类总有一天能够在宇宙不同的星体之间自由穿梭，去探访那些"宇宙公民"的生活。

小小资料箱

银河系有多大？

许许多多的恒星合在一起，组成一个巨大的星系，其中太阳系所在的星系叫银河系。银河系中有数十亿个星星。它的形状呈螺旋状，就像一只大铁饼，宽约8万光年，中心厚约1.2万光年，恒星的总数在1000亿颗以上。

飞向月球

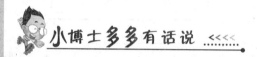

课文再现

　　《飞向月球》这篇课文完整地记叙了宇航员第一次飞向月球并登上月球的经过，告诉我们月球很有开发价值，旨在激发同学们探索宇宙奥秘的兴趣。

小博士多多有话说 <<<<

　　同学们好！我是小博士多多。你们向往月球吗？你还想知道有关月球的其他知识吗？月球如果真的能被开发成人类的另一个家园，你们是否想象过，人类的月球生活是什么样子的呢？

课外链接

未来的月球生活

　　自1969年7月20日，美国"阿波罗"飞船载着宇航员首次登上月球以来，太空学家们就逐步揭开了月宫的神秘面纱，意欲将它建成可供人类生存的"第八洲"。现在，以日、美为首的发达国家正在逐步解决未来在月球上生活将会遇到的困难。

淡 水

月球表面是粉状的泥土，也有岩石和山脊，但缺少水源。据勘查，月球上蕴藏着丰富的氧化铁矿，美国航天学家认为，将这些氧化铁矿投入铁炉中燃烧，就能释放出大量的氧，再用运输飞船从太空中收集液态氢与之混合，水就源源而来了。据称，美国航天部门将在月球上建设依靠太阳能工作的熔铁炉，计划从2010年开始提供氧气，起初年产液态氧约1吨，以后将扩大到年产液态氧200吨。

> 水是生命之源，所以也是月球生活面临的首要问题。

照 明

在月球上，白天、黑夜各有360小时（15天），专家们认为黑夜照明也可以和地球上一样发电。美国威斯康辛大学的核工程师们在研究月球泥土的主要成分时，惊奇地发现有一种叫"氦-3"的气体状物质，这在地球上几乎没有。科学家们认为，"氦-3"是核反应的一种最理想的原料，并且它在反应炉中产生的废料辐射量极低，可以埋藏在较浅的地层下而不会污染环境。预计到2015年，第一台"氦-3"收集器将在月球表面建立，估计将月球上蕴藏的"氦-3"全部收集起来发电，所产电量大约是目前全美耗电总量的50万倍。

食 物

地球人类食用的植物和动物性食物，在月球上能否生存、供人类食用呢？到目前为止，科学家们已在太空中成功地培育出100多种植物，其中有小麦、大麦、玉米、燕麦、黄豆、黄瓜、西红柿、烟草、青椒、萝卜、甜菜、向日葵和棉花等。实验表明，许多植物可以在月球上生长，它们在月球失重条件下发芽率反而更高、生长更快，收获时间提早。生物学家对动物也做了太空失重实验。结果表明，果蝇能像在地球上一样顺利交配、产卵、繁殖；送上飞船的60只鹌鹑种蛋照样能孵化出"太空鹌鹑"；在飞船上航行59天的鱼卵仍能孵出鱼苗；雌雄老鼠在太空中交配，回到地球顺利地产下"太空鼠"。俄罗斯生物专家说："实验表明，失重并不能阻

在月球上行走

止新生命的产生。如果整个家庭都搬到轨道上，在月球长期工作和生存，宇宙孩子也将会产生。"

登 月

月球与地球相距38.44万公里，显然用宇宙飞船或卫星等运输工具，将人类开发月球的各种设施直接从地面运到月球并非易事，于是专家们设法在地球与月球之间建立空间站。1984年，美国政府拨款1100亿美元在距离地球3500公里上空的轨道上建设空间站，作为登月的中转站将源源不断地向月球发送电站、房屋等各种设施。至于人类自己怎样登上月球这个"第八洲"去生活，科学家们认为，成年人运往月球费用极为昂贵。最有效的方法是，采用试管婴儿来增加月球的人口，而且这些试管人在月球上生活毫无家庭这一后顾之忧。

小博士多多考考你

1.结合你了解的知识，说说科学家们为什么把月球称为"第八洲"。

_____

_____

2.与氘（重氢）相比，"氦-3"作为核反应的原料有哪些优势？

_____

我的小收获

月球是一个冰冷的星体，缺少光明和食物，并且连维持生命最基本的水也没有。但读了本文之后，我了解到，随着科学技术的不断发展，人类终将克服这些困难，使移民月球的梦想变为现实。通过科学家们对未来月球生活情景的生动描绘，我深切地感受到了人类的创造精神和挑战精神，正是凭借这种精神，人类社会才能不断地向前发展。

月球上那些事儿

在人类对月球感兴趣的几千年间，特别是自伽利略使用32倍的望远镜掀开了月亮的闺帘以来，地球人似乎有理由说，我们已了解月球了。不信？你看我们把它的履历表填写得多么完整！

姓名：月球、月亮　　　　　　出生时间：46亿年前

死亡日期：31亿年前　　　　　享年：15亿岁

盖棺定论：目前的月球是一个古老的僵死的天体，其内部的能量已近衰竭，表面热流几乎为0；月震释放的能量微乎其微，年释放量仅为地球的1/108；31亿年以来，月球没有出现过显著的火山活动和构造运动。月球自身已没有活力和生机，它的生命时钟停止在31亿年前，现在的月球是一具保存完好的天体"木乃伊"。与地球"木乃伊"有所不同的是，它还按照天体的运动规律，不停地自转和围绕地球公转。

籍贯：银河系中的太阳系中的地月系。在太阳系中，可以把地球和月球当做一个系统、一个质心（质量中心）来看待，这个系统或质心绕太阳做旋转运动，即公转；同样，月球和地球又分别绕它们各自的质心做转动运动，即自转。

本人成分：地球的唯一卫星。月球不仅是诗人吟咏的对象，更是人类忠诚的卫士。几十亿年来，它是地球最好的"挡箭牌"，那张"大花脸"就是它"自我牺牲"的"功劳簿"。一旦失去了这道天然屏障，地球遭受飞来横祸的机会就会陡增几百倍！

月球

体形：一个南北稍扁、赤道略微鼓起的圆球体。月球的平均直径约为3476千米，相当于地球直径的27.3%；体积大概只有地球体积的1/49；表面积为3800万平方千米，是地球的1/14，大约相当于4个中国的陆地面积，比亚洲面积稍小一点。

体重：质量为7350亿吨，仅为地球质量的1/81。月球表面的重力加速度为1.62m/s，约为地球表面重力加速度的1/6。这样，一个在地球上重60千克的人，到月球上就只有10千克了，如果人在地面上可跳2米高，在月球上就可跳过12米的横杆。重力的大幅度减小，使人走起路来东摇西晃，举手投足就像是电影中的慢镜头。登月航天员因此发明了在月球表面上袋鼠式跳跃的行进方法。

> 生动的例子和具体的数字，使我们对月球引力的了解更加直观。

体温：一半是火焰，一半是冰水。由于没有大气层的保温和传导作用，月球白天受阳光照射之处，温度可达130℃～150℃，而夜晚和阳光照射不到的地方，温度又会低至-160℃～-180℃，最高温与最低温相差300多摄氏度。

性格特征：给点阳光就灿烂。从地球上看，月球是除太阳之外第二明亮的星体，但实际上月球自己并不发光，它擅长反射太阳的光，平均反照率为7%，也就是说，只有7%的太阳光被月球反射。在平均距离处看，满月的亮度大致与21米外的100瓦电灯的亮度相当，正好给人一种朦胧的、诗一般的感觉。

小博士多多考考你

1.作者为什么说月球是一具保存完好的天体"木乃伊"？

_____

2.导致月球表面巨大温差的原因是什么？

_____

我的小收获

作者妙趣横生的介绍使我认识到，月球与地球之间的关系非常密切。它不仅给人们带来光辉和情趣，同时还是地球忠诚的卫士，多次为地球挡住了宇宙陨石的撞击，使人类免遭飞来的横祸。这篇文章更激发了我对月球的兴趣。

自然界的启示

我是什么

课文再现

《我是什么》是一篇常识性课文。本课以第一人称"我"的叙述方式，生动形象地介绍了自然界中水的不同形态和对人的利弊影响。

小博士多多有话说 <<<<<

大家好！我是小博士多多。我给大家揭晓谜底吧！课文中那个"顽皮的小朋友"就是水。在我们的生活中，水无处不在。水有时是温柔的，有时是冷酷的，它们的形态是和气温有关的，人们现在已经对它很熟悉了。同学们，你们想更多地了解与水有关的知识吗？让我们一起来看一看吧！

课外链接

气象变化和人工降雨

自然界里云、雨、雪、露、雾、霜的形成，是很有代表性的物态变化

发射降雨弹

过程。地面上的水蒸发成为水蒸气（汽化），升到高空与寒冷空气接触，水汽便凝结成小水滴（液化），形成云。当温度下降，而又有凝聚核心的时候，小水滴就会凝结成大水滴下降为雨。一滴雨点要比云中的小水滴大上几千倍，小水滴一定要在它的体积增加到很大的时候才会落下来，如果下落的环境温度在0℃以下，水在空气中就可能形成雪（凝固）。水汽凝华而成的微小晶体叫冰晶，当冰晶在大气随气流上下翻腾，聚集起来变得足够大时，就形成雪花飘落到地面。雪花的大小取决于天气温度，温度越低，形成的雪花越小。由于构成雪片的结晶能反射光，因此雪呈白色。

当过冷的水滴碰撞在冰晶（或雪花）上，则形成霰。霰在积雨云中随着气流多次升降，不断与雪花、小水滴等合并，形成透明层和不透明层交替的冰块，落到地面就是冰雹。地面上的空气中含有肉眼看不到的水汽，当水汽含量达到饱和时凝结成水滴，这就是露（夏季植物上的水珠）。如果地表气温降到0℃以下时，则水汽直接凝结成固态（凝华），就形成了霜。

霜原来是这样形成的呀！

人工降雨，就是让天上的水实实在在地降到地面上来，不让它白白地跑掉。人工降雨有空中作业和地面作业两种方法，空中作业是用飞机在空中播撒催化剂，地面作业是利用高炮、火箭从地面发射炮弹在云中爆炸，把炮弹中的碘化银燃成烟剂撒在云中。

小博士多多考考你

1.自然界里云、雨、雪、露、雾、霜的形成是化学变化过程吗？

_____

2.人工降雨主要分为哪两种方法？其工作原理分别是什么？

_____

_____

我的小收获

　　人类的智慧是无穷的，人类的探索脚步也是不断前进的。当人类研究明白了雨雪的形成原理，也就会人工降雨雪了。人工降雨雪有空中作业和地面作业两种方法，空中作业是用飞机在空中播撒催化剂；地面作业是利用高炮、火箭从地面发射炮弹在云中爆炸，把炮弹中的碘化银燃成烟剂撒在云中。现在，常用的是用飞机来进行人工降雨。

"定风丹"——树木自备"贮水器"

　　能不能使降下的宝贵雨水不蒸发或少蒸发呢？科学家经过反复研究，终于研制成功了现代"定风丹"，其中一种是用高分子吸水树脂材料制成的，其吸水能力大得惊人，是它自身重量的500至1000倍。与传统的吸水材料如海绵、棉花、纤维素、硅胶相比，高吸水性树脂的吸水量大，保水性强，即使在受热、加压条件下也不易失水，对光、热、酸、碱的稳定性好，具有良好的生物降解性能，由于它本身无毒无污染，生活中经常使用它制成一次性婴儿尿布（尿不湿）、宇航员尿袋、餐巾、手帕、母乳垫片、手术衬垫等。科学家利用它制成树木的"定风丹"，紧紧吸牢水分，不让狂风吹走。

　　"定风丹"的制作方法并不复杂，将吸水性树脂制成绿豆大小的颗粒，然后将它们埋在小树苗下面的土壤中，它就会像高效海绵那样，吸足水分，而且不易蒸发，供树根专用，成为树木自备的"贮水器小水库"。有了它，狂风再大，也休想刮走土壤中的水分。用这种方法治理小片沙漠已经取得了可喜的成果，科学家成功地在非洲沙漠上造出一个绿化地带，被人们称为"沙漠中的奇迹绿洲"。

　　这种树脂"定风丹"用途广泛，可惜成本较高，而且是"被动"吸水。于是科学家又有了新的发明，这就是神奇的"固体水"。提起"固体水"，你可能会马上想到冰。现在我们说的"固体水"

真是好东西，沙漠有救了！

固体水

却不是冰。这种看上去像一块"皮冻"、装在一个可降解纸做成的小包装瓶里的固体水，名叫"森露"，它的成分97%是水，另外的3%是从动植物中提取的一种高分子聚合物，其作用是将水分子固化。

这种神奇的"固体水"对环境没有污染，是一种无公害产品。种树的时候，将固体水靠着树苗的根部埋入土中，通过微生物分解，固体水逐渐缓释，可在3个月时间内为树苗源源不断地提供水分，直到树根深深扎进潮土层，树苗就会挺直腰杆苗壮成长。神奇的"固体水"完全不怕被狂风吹走水分，是名副其实的"定风丹"！

看了科学家的神奇发明你是不是获得了什么启示呢？

1.树脂"定风丹"具有哪些特点？

_____

_____

2.与树脂"定风丹"相比，"固体水"具有哪些优势？

_____

_____

我的小收获

　　人类探索的脚步从来没有停止过，当科学家发明了固水很好的"定风丹"后，他们又发明了更为先进的"固体水"。"固体水"的神奇之处在于：种树的时候，将固体水靠着树苗的根部埋入土中，通过微生物分解，固体水逐渐缓释，可在3个月时间内为树苗源源不断地提供水分。它完全不怕被狂风吹走水分呢！

要是你在野外迷了路

课文再现

《要是你在野外迷了路》是一首儿童诗歌。全诗融自然科学知识于生动形象的语言之中，向同学们介绍了大自然中许多细微的、能帮助人们识别方向的自然现象。诗歌易读易懂，节奏感强，诗句韵脚整齐，适合朗读。

小博士多多有话说 <<<<<

同学们好！我是小博士多多。从课文中，大家一定学会了不少辨认方向的好办法。在这里，小博士多多还会给大家介绍另外一些野外迷路辨认方向的知识，相信这些知识对你一定有用，那就一起去看看吧！

课外链接

野外迷路，牛当"指南针"

如果你在野外迷了路，不必害怕，因为你可以找一群牛，看它们正面向何方。科学家研究过数千只牛的行为后，发现牛能利用地球磁场调整坐向，而且多数会面向北方。

据英国《每日邮报》报道，这种令人惊异的能力似乎是牛群世代遗传下来的特征。今天已被驯养的牛的祖先，在非洲、亚洲和欧洲的平原上长途迁移时，就利用身体内置的"指南针"寻找路径。

利用地球磁场来导航的动物多达数十种，包括鸟、龟、白蚁和三文鱼，还有哺乳类动物，如老鼠、蝙蝠等。这些动物利用体内由磁铁矿制成的磁石，来寻找方向。如具有返回原地能力的鸽子的嘴上，就有这类结晶体，但牛在导航方面的天赋却一直被人所忽略。

> 地球磁场是动物内置"指南针"的导航器。

牛

德国杜伊斯堡·埃森大学生物学系的研究员贝加尔和他的同事们，利用"谷歌地图"软件寻找英国、爱尔兰、印度和美国等多个地区牛的图像，又直接观察捷克的近3000只鹿。发现鹿不管在休息还是在放牧时都会面向北方，而牛的卫星图像显示，大约有六七成的时间牛都会选择面向北边坐卧。这显示牛的行为和它们的近亲鹿类似。研究员们在最新出版的美国《全国科学院学报》发表研究结果时称："地球磁场是解释牛群朝向的最大因素。"

牛喜欢面朝北，这样的理论让许多民众怀疑，说仅凭这样的空拍图不足以断定牛能当"指南针"。研究人员还要继续研究马、羊等动物，看看它们是否都受到地球磁场影响而能当"指南针"。

小博士多多考考你

1.牛的祖先身体内置的"指南针"指什么？

_____

_____

2.研究员们认为牛喜欢面朝北的原因是什么？

_____

_____

我的小收获

读了这篇文章，我知道在自然界中，有牛等数十种动物能够利用地球磁场来导航。科学家研究过数千头牛的行为后，发现牛能利用地球磁场调整坐向，而且多数会面向北方。鹿的行为也和牛类似。当你在野外迷了路，就可以通过牛等动物坐卧的方向来辨别方向，从而寻找走出困境的方法了。

迷路自救

通常，人们迷路是因为不能将自己所处的位置同一些确知的因素，包括自然的或其他的，联系在一起并用作向导。同时，还因为缺乏观察力和较系统的离开与返回预定基地（如小径、道路、河流、高压线、溪水或湖泊等）的野游知识，出游时只是把一个特殊点（如帐篷、猎人小屋、小船、汽车等）记在心上，这些往往便是造成迷路的部分原因。

黑夜迷路自救

如有月光，可看到四周环境，应该设法走向公路或农舍。

如果身处漆黑的山中，看不清四周环境，不要继续行走，应该找个藏身之处，例如墙垣或岩石背风的一面。

如果带有睡袋，应该钻进里面。几个人挤成一团也能保暖，这样，即使没有睡袋也能熬过寒夜。中间位置最为温暖，因此应该不时互相易位。

雪地迷路自救

雪反射的白光与天空的颜色一样时，地形变得模糊不清。地平线、高度、深度和阴影完全隐去。爬山运动员和探险家称这种现象为"乳白天空"。

冰天雪地的野外

这时，最好停下来，等待乳白天空消失。如等待时有暴风雪来临，应挖空雪堆做个坑，或扩大树根部分的雪坑，然后躲进去。如有睡袋，在背后垫上树叶枯草，以隔开冰冷地面，然后躲进去。尽量多穿几层衣服。在衣服内交叉双臂，手掌夹于腋下，以保温暖。

如必须继续前进，可利用地图和指南针寻找方向。一边走一边向前扔雪球，留意雪球落在什么地方和怎样滚动，以探测斜坡的斜向。如果雪球一去无踪，前面就可能是悬崖。

> 可见就地取材是一项重要的野外生存技能。

雾中迷路自救

拿出地图，并转至与指南针同向，然后决定向哪个方向走。

根据指南针所指，朝自己要走的方向望去，选定一个容易辨认的目标，例如岩石、乔木、蕨叶等。向目标走过去，再根据指南针寻找前面的另一个目标。

连续使用这个方法，直至脱离雾锁。

如果没有地图或指南针，应该留在原地，等待雾霭消散。

1.人们迷路的普遍原因是什么？请结合短文第一自然段进行概括。

_____

_____

2.在雾中迷路时，为什么要不断选择新的前进目标？

_____

_____

我的小收获

> 　　通过本文的阅读，我不仅学会了在黑夜、雪地和雾中迷路时展开自救的知识和技巧，还懂得了在野外迷路时，不要一味惊慌，要首先对自己的处境进行冷静分析，然后充分利用地形和现有条件，制定脱险的科学方案。

黄河是怎样变化的

课文再现

　　《黄河是怎样变化的》是一篇说明文，介绍了黄河变化的过程、变化的原因以及治理的方案，告诉人们要保护大自然，保护环境，否则就会受到大自然的惩罚。

小博士多多有话说 <<<<

　　同学们好！我是小博士多多。我们常说，河流是大地的血脉。然而，随着地质的不断运动和人类活动的破坏，这些"血脉"已经在不经意间向着对人类不利的方向变化着。我们什么时候才能不乱砍滥伐，才能真正"重视一棵树的命运"？

课外链接

长江断流之谜

　　黄河断流是近年来常有的事，但令人不可思议的是，水量丰沛的长江也曾出现过断流现象。据史料记载，长江下游江苏泰兴段先后有两次断流。

　　一次断流是在元代的至正二年（公元1342年）八月。当时正值长江大汛期，泰兴沿江居民惊奇地发现，一夜间长江枯竭见底，人们纷纷下江拾取江

中遗物。次日，江潮骤然而至，许多人因躲跑不及被滚滚而下的江水冲没。

另一次断流是在1954年1月13日下午4时许，泰兴长江沿岸风沙骤起，天色苍黄，突然之间，大江顿失滔滔，数十只航轮搁浅，江底尽现人们眼前。历经两个多小时之后，江水又突然奔涌而下，水声如雷。正在江中的人们闻声迅跑登岸，幸无人被水冲走。

令人惊奇的是，长江两次断流时隔六百多年竟出现在同一江段。这是因为在我国东部隐伏着一条神秘的古裂谷，迄今鲜为人知，它历时久远，纵贯江苏、山东两省。长江两次断流正好重叠在这条古裂谷南部的同一段上。

> 这真是一个匪夷所思的现象，你也大惑不解吧？

滚滚长江向东流，可是泰兴市境内的江水竟陡然向南而去，长度达四十多公里。沿着这江段北上，高邮湖、白马湖、洪泽湖、成子湖、骆马湖如同一个个璀璨的明珠闪耀在苏北大地上。洪泽湖是我国第四大淡水湖，面积约为7069平方公里，形成于距今数百万年前。然而湖底却潜伏着一个与之面积相当的古盐湖：古盐湖形成于距今约6700万年前，湖底有厚达纺135米的石盐层。矿层埋藏深度超过2300米，大部分为湖水所覆盖，古盐湖湖床奇迹般地镶嵌在这个古裂谷的谷底。

再从一些动物的异常反应来看，在山东省济南市大明湖和枣庄市徐庄乡的一个村子有这样的怪现象：该村一个池塘里的蛤蟆光鼓肚皮却叫不出声。可是只要它们一换环境，跑到别的池塘里去，便又可一展歌技，鸣叫不停。生长在别处的蛤蟆一不留神，到了这个池塘里，也都变成了"哑巴"。因此人们就给这个村起名叫哑巴汪村，每年都有许多人来此观赏这一奇异的怪现象。

位于大明湖与徐庄乡哑巴汪村之间的孔府孔林是全国重点文物保护单位、著名的旅游胜地。这里古木参天，万树成荫，可是却不见一只乌鸦栖息。地面杂草丛生，却见不到一条蛇。而在孔林周围的树林里乌鸦到处飞，周围地方的草丛里常有各种蛇出没。

长江

科学家们通过研究发现，大明湖位置稍偏东，孔府孔林和枣庄市徐庄乡的哑巴汪村，正好处在长江断流段、苏北的串珠状湖泊向北延伸的地带上。这是巧合吗？不，它们之间有着内在的联系，那就是贯通两省深埋的巨大古裂谷，正是这个神秘的古裂谷控制了江水枯竭的江段，古盐湖也因它而形成，它还左右了一串湖泊展布的方向。

科学家们还发现，地下深处有大大小小纵横交错的地下河水网，地下水脉辐射的能量较之宇宙射线强度大好几倍，它能使人头昏脑胀，神志不清，以致丧失控制能力，也使某些动物发生异常反应：即青蛙变哑，蛇、乌鸦不进入个别树林。

随着这条东方裂谷不断为世人所识，相信还会有更多的奇特现象被发现。随着科学技术的发展，人们一定会在不久的将来彻底揭开东方古裂谷的神秘面纱。

1.长江两次断流都出现在哪一河段？

_____

_____

2.为什么哑巴汪村的青蛙会变哑？

_____

_____

_____

我的小收获

> 科学家们通过研究，发现长江的两次断流与东方巨大的古裂谷有着某种联系，这真令人感到惊奇。科学的力量真大，相信随着科技的发展，许多未解之谜一定会渐渐真相大白。

重视一棵树的命运

重视一棵树的命运，不知有多少人能够认同这个观点。

我们不妨先作个假设：如果设一个"森林法庭"，我们每个人都会成为被告。通过陈述实录，就可以作出明确的判断——比如，在成片的大面积林区发生山火，至少要达到"亩"的数量才能称为灾。即使像1987年大兴安岭森林大火那样

树 木

的灾害，人们虽然给它定性为"特大"，但烧死了多少树，谁也数不清。在这里，树作为生命被"草菅"了。多数人以为原始森林是祖先留下的，烧掉太可惜了，而发出的也只是感叹。

自然保护区或西部干旱地区，砍伐或毁烧了树木，是要以"棵"为单位来计算的，因为这些地方的树木太珍贵了。有山没树是很荒凉的，人们渴望有树。

在内蒙古赤峰地区，树是政府和老百姓的"眼睛"。最典型的事例是砍掉哪怕一棵树也要惊动当地政府官员，山上一冒烟，不管烧没烧着树，市长都会出动。道理很简单，生活在沙窝子里，几十年几代人种树，在树的身上他们投入了太多的心血，也收到了显而易见的成效。人们看重树，也依赖着树。"案情"已经相当明了："家大业大"，手就会松一点，"小门小户"就要精打细算，要是"贫困户"更不敢轻易动血本了。从以上的陈述可以看出，树作为一个活的"生命"，生存的地位被以这样或那样的形式给剥夺了。而这些"犯罪"行为，恰恰是我们人类至今没有引起重视的一个"盲点"。

对生命的伤害，尤其是对无辜生命的伤害，每个人都应该感到愧疚，包括一棵树、一根草和一切微观世界的生命。但在生活中，对待树的"生命"却出现了

人为的不平等。大到引发火灾、乱砍滥伐，小到随意践踏、不经意地伤害，这样的例子数不胜数。在树叶渐渐枯萎的悲凉中，一座座大楼破土动工了。在冬季树木休眠的季节，树的立足之地，也就成了倒脏水、堆垃圾的废料场，油污的侵蚀，使一些树木在返青之前就葬送了自己的生命……

读完这些，你是否也会对人类的某些破坏行为感到痛心？

而对沉默的树，人有千万种理由说出要砍树的必要性。那么，谁来为树伸张正义呢？道德的法庭？天理的法庭？我们无法说清。从现象上看，纵火的、砍树的、毁林的，有的已经得到了应有的惩罚，但在日常生活中人们对树的种种伤害呢？人们在思维方式上对树的种种轻视甚至蔑视呢？诚然，这种为树争取生存权力的"道德法庭"现在还是虚拟的。但事实上，"自然的法庭"早已开庭审理了，并对人类作出了无法抗拒的判决：黄河泥沙滚滚，并在屡屡泛滥之后又数次出现断流；荒漠化在不停地推进，吞噬着良田和人类赖以生存的空间；洪水肆虐，冲毁层层堤坝……我们不要等到"自然的法庭"对我们宣读"死亡"判决时才幡然悔悟，那样就为时已晚了。

1. 为什么内蒙古赤峰地区的人们那么在乎树木？

_____

_____

2. 读了这篇文章，你有什么感想？请用简要的话回答。

_____

_____

我的小收获

人类总在有意识或者是无意识中伤害着树这些无辜的生命，如果我们能够换位思考一下，你就会发现我们有多么不公平，应该感到多么惭愧。大自然是我们生存的环境，地球是我们唯一的家园，我们要好好保护我们的家园，不要到了最后才悔之晚矣！

假如没有灰尘

 课文再现

《假如没有灰尘》这篇课文颠覆了一个常识——在人们眼中，灰尘通常是污染环境、传播病菌、危害健康的罪魁祸首。然而，这篇课文却向我们介绍了灰尘鲜为人知的另一面，假如没有灰尘，大自然将会变得让我们人类无法生存。

小博士多多有话说 <<<<

同学们好！我是小博士多多。我给你们解释一下，这里所说的"两面性"就是指事物都包含着矛盾和统一的两个方面。灰尘就是这样，它既对人类有一定的害处，但是也有对人类有益的一面。

除了文中介绍的灰尘的作用以外，你还知道灰尘的哪些知识和有关灰尘的故事呢？今天小博士我就给你们解释解释吧！

课外链接

灰尘的学问

灰尘是我们司空见惯的讨厌东西。我们的皮肤细胞会不断坏死脱落，它们在空中飘荡一阵子后，就会落到地板上、桌子上，还会落在屋里其他物

清扫电脑灰尘

体的表面上。我们的衣物，就算是质量最好的，也会有纤维自行脱落。屋外也会飘进来灰尘——菌类的干燥孢子、花粉、来自土壤中的矿物微粒，还有数量最多的、交通工具排放的黑烟里的碳沉积物，这些全都会累积为灰尘。

清晨，阳光从窗外射入我们的房间，照在床上、书桌上，如果同学们从光束的侧面望去，我们就能清楚地看到，空气中漂浮着许多细小的颗粒物。它们在空中不断飞舞，总也不落地。有的同学可能会想，这是不是书桌上、地板上的灰尘飞起来了？

其实，在空中漂浮的灰尘叫飘尘，它不会降落到地面上。飘尘的学名叫"可吸入颗粒物"，指的是直径小于10微米的灰尘，我们在空气质量预报中会听到这个名词。一般情况下，空气污染指数取决于飘尘的多少。可吸入颗粒物由于质量非常轻，不易沉降，所以能在空气中长期漂浮，能通过呼吸进入人的呼吸道，这些只有人的头发丝平均直径十分之一大小的可吸入颗粒物，能够透过肺泡、毛细血管进入血液，而且它们表面常常聚集着各种各样的有毒有害物质。这些有毒有害物质中，不少是有致癌性的，它们随血液循环进入人体，会引起呼吸道感染，进而引起并发症。

> 原来，关于灰尘还有这么大的学问呢。

落在书桌上、地面上的灰尘叫降尘。降尘直径大于10微米，在重力的作用下可以降落。人们通常用降尘量来判断大气的清洁度。降尘量是指每月在每平方千米面积上降落尘埃的吨数，一般降尘量达到每月每平方千米30吨，为中度大气污染；降尘量达到每月每平方千米50吨以上，为重度大气污染。

小博士多多考考你

1.飘尘的学名叫什么？

_____

_____

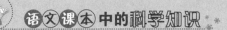
2.飘尘会给人体带来哪些危害?

_____

_____

我的小收获

读了上面的文章,我知道灰尘以10微米为分界,小于10微米的叫飘尘,是不会落地的,大于10微米的叫降尘,是可以降落的。飘尘中有很多有危害的物质,而降尘是用来判断大气清洁度的物质之一。

一粒灰尘改变了人类

1881年8月6日,亚历山大·弗莱明出生于苏格兰的一个贫苦农民的家庭。在丘吉尔的资助下,他被送到英国伦敦圣玛丽医学院学习。大学毕业后,他留在医学院从事细菌学的研究。当时找不到合适的药物,很难使伤口避免感染,只能束手无策地看着病魔肆虐、死神猖獗。因此,他十分渴望找到一种理想的药物。

弗莱明是一个很有理想的人。有理想才会拥有前进的动力。

1928年9月的一天早晨,弗莱明像往常一样,来到了实验室。实验室里整整齐齐地排列着许多培养器皿,他仔细检查培养器皿中的细菌有没有细微的变化。当他检查到靠近窗户的一只放有葡萄球菌的培养器皿时,发现里面的培养基发霉了,长出了一团青色的霉花。弗莱明的助手赶紧过来说:"它是被从窗外飘来的一粒灰尘污染了,别再用了,让我把它倒掉吧。"费莱明制止了助手,把青霉菌放在显微镜下进行观察,结果他惊喜地发现,青霉菌附

青霉素

近的葡萄球菌已经全部死掉了。于是，费莱明马上把青霉菌放进培养基中培养。过了几天，青霉菌繁殖起来了。他把蘸上含有葡萄球菌水的一根线，放在青霉菌的培养器皿中。几小时后，葡萄球菌全部死亡。接着，他分别把带有白喉菌、肺炎菌、链球菌、炭疽菌的线放进培养器皿中，这些细菌也很快死去了。就这样，弗莱明发明了抗菌新药——青霉素。

可以毫不夸张地说，青霉素的问世，从死神手里夺回了成千上万人的生命，奇迹般地延长了人类的平均寿命。直到今天，它仍是应用最多、最广的抗菌素。

在一定意义上可以说，一粒灰尘不仅改变了弗莱明等个人的命运，而且改变了世界各国千百万在病魔中挣扎的病人的命运，改变了整个人类的命运。

1.谁发现了青霉素？

_____

_____

2.青霉素的问世具有怎样的意义？

_____

_____

我的小收获

读了这篇文章，我们知道，青霉素属于抗菌药，主要用于敏感的球菌等导致的各种感染，直到今天，仍是应用最多、最广的抗菌素。青霉素的问世，从死神手里夺回了成千上万人的生命，奇迹般地延长了人类的平均寿命，唤起了世界各国的科学家积极寻找新抗生素的热情，开辟了现代药物治疗的新时期，使人类进入了合成新药的时代。

人类的"老师"

课文再现

《人类的"老师"》是一篇有关仿生学的课文，重点介绍了人类在飞机、轮船、建筑设计等方面向生物学习的例子，具体说明了人类以自然界的种种生物为师，向大自然学习的收获。

小博士多多有话说 <<<<

大家好！我是小博士多多。在人类的生产生活中，我们向大自然学习了不少知识，我们用这些知识，不断改造着自己的生活环境。我们在自然中受到的启示，除了在生活用品、器械上，在艺术方面也会从自然之中获得灵感。你能举出一些例子吗？今天小博士我和你们一起去生活中寻找吧！

课外链接

苍蝇与宇宙飞船

令人讨厌的苍蝇与宏伟的航天事业似乎风马牛不相及，但仿生学却把它们紧密地联系起来了。

苍蝇是声名狼藉的"逐臭之夫"，凡是腥臭污秽的地方，都有它们的踪迹。苍蝇的嗅觉特别灵敏，远在几千米外的气味也能嗅到。但是苍蝇并没有"鼻子"，它靠什么来充当嗅觉器官的呢？原来，苍蝇的"鼻子"——嗅觉感受器分布在头部的一对触角上。每个"鼻子"只有一个

> 怪不得苍蝇总是探着头嗅来嗅去的！

苍 蝇

"鼻孔"与外界相通，内含上百个嗅觉神经细胞。若有气味进入"鼻孔"，这些神经细胞立即把气味刺激转变成神经电脉冲，送往大脑。大脑根据不同气味物质所产生的神经电脉冲的不同，就可区别出不同气味的物质。因此，苍蝇的触角像是一台灵敏的气体分析仪。

仿生学家由此得到启发，根据苍蝇嗅觉器的结构和功能，仿制成功一种十分奇特的小型气体分析仪。这种仪器的"探头"不是金属，而是活的苍蝇。就是把非常纤细的微电极插到苍蝇的嗅觉神经上，将引导出来的神经电信号经电子线路放大后，送给分析器；分析器一经发现气味物质的信号，便能发出警报。这种仪器已经被安装在宇宙飞船的座舱里，用来检测舱内气体的成分。

这种小型气体分析仪，也可测量潜水艇和矿井里的有害气体。利用这种原理，还可用来改进计算机的输入装置和有关气体色层分析仪的结构。

小博士多多考考你

1.人们为什么把苍蝇称为"逐臭之夫"？

_____

_____

2.仿生学家根据苍蝇的嗅觉感受器发明了什么？

_____

_____

我的小收获

　　俗话说，只有想不到，没有做不到。仿生学家居然根据苍蝇嗅觉器的结构和功能，把非常纤细的微电极插到苍蝇的嗅觉神经上，将引导出来的神经电信号经电子线路放大后，送给分析器；分析器一经发现气味物质的信号，便能发出警报，进而仿制成功一种十分奇特的小型气体分析仪。这种仪器可以用来检测气体的成分。利用这种原理，还可用来改进计算机的输入装置和有关气体色层分析仪的结构。

从萤火虫到人工冷光

　　自从人类发明了电灯，生活变得方便、丰富多了。但电灯只能将电能的很少一部分转变成可见光，其余大部分都以热能的形式浪费掉了，而且电灯的热射线对人的眼睛有害。那么，有没有只发光不发热的光源呢？人类又把目光投向了大自然。

　　在自然界中，有许多生物都能发光，如细菌、真菌、蠕虫、软体动物、甲壳动物、昆虫和鱼类等，而且这些动物发出的光都不产生热，所以又被称为"冷光"。

　　在众多的发光动物中，萤火虫是其中的一类。萤火虫约有1500种，它们发出的冷光的颜色有黄绿色、橙色，光的亮度也各不相同。萤火虫发出冷光不仅具有很高的发光效率，而且发出的冷光一般都很柔和，很适合人类的眼睛，光的强度也比较高。因此，这种生物光是一种理想的光。

　　科学家研究发现，萤火虫的发光器位于腹部。这个发光器由发光层、透明层和反射层三部分组成。发光层拥有几千个发光细胞，它们都含有荧光素和荧光酶两种物质。在荧光酶的作用下，荧光素在细胞内水分的参与下，与氧化合便发出荧光。萤火虫的发光，实质上是把化学能转变成光能的过程。

原来是这么回事啊！

早在20世纪40年代，人们根据对萤火虫的研究，就发明了日光灯，使人类的照明光源发生了很大变化。近年来，科学家先是从萤火虫的发光器中分离出了纯荧光素，后来又分离出了荧光酶，接着，又用化学方法人工合成了荧光素。由荧光素、荧光酶、ATP（三磷酸腺苷）和水混合而成的生物光源，可在充满爆炸性瓦斯的矿井中当闪光灯。由于这种光没有电源，

萤火虫

不会产生磁场，因而可以在这种生物光源的照明下，做清除磁性水雷等工作。

现在，人们已能用掺和某些化学物质的方法得到类似生物光的冷光，用作安全照明。

小博士多多考考你

1.什么是"冷光"？
_____

_____

2. 萤火虫发光的原理是什么？人类从中得到了什么启发？
_____

_____

我的小收获

人类的发明创造都是为了满足人类的某些需要，日光灯的发明就是这样。人类的智慧是不可估量的，为了寻找到更好的光源，人们能把目光放到萤火虫身上。

读了这篇课文，我知道了萤火虫发出冷光不仅具有很高的发光效率，而且发出的冷光一般都很柔和，很适合人类的眼睛，光的强度也比较高，也就是说萤火虫的光很适合人类。人类以自己的需要为动力，从动物身上找启示进行发明创造，这种方法是值得借鉴的。

天火之谜

课文再现

　　《天火之谜》这篇课文主要讲了美国科学家富兰克林为了揭开雷暴的秘密，在雷电交加的天气里进行风筝实验的事，赞扬了富兰克林勇于探索、敢于实验的科学态度，说明只有通过精确、细致的观察、研究和实验，才能揭开大自然的奥秘。

小博士多多有话说 <<<<

　　同学们好！我是小博士多多。雷电在生活中是一种常见的现象，但人们对它不够了解，常常因为雷击造成生命和财产损失。自从富兰克林揭开雷电的秘密后，人们已经懂得利用避雷针来防雷了。然而，我们的避雷针只是把雷电引到地下去了，它那巨大的能量却利用不起来，对此，很多人都想着怎样才能把雷电运用到我们的生产和生活中。

课外链接

避雷针的变迁

　　早在三国和南北朝时期，我国古籍上就有"避雷室"的记载。据唐书记载，我国汉代就有人提出，把瓦做成鱼尾形状，放在屋顶上就可以防止雷

电引起的火灾。在我国的一些古建筑上，也发现设有避雷的装置，法国旅行家卡勃里欧别·戴马甘兰游历中国之后，于1688年写的《中国新事》一书中有这样一段记载："当时中国屋宇的屋脊两头，都有一个仰起的龙头，龙口吐出曲折的金属舌头，伸向天空，舌根连着一根根细的铁丝，直通地下。这种奇妙的装置，在发生雷电的时刻就大显神通，若雷击中了屋宇，电流就会从龙口沿线下行泄至地下。起到了保护作用。"由此可见，世界上第一个避雷针是由具有聪明才智的中国劳动人民制造的。

> 我很自豪哟！

避雷针

到了今天，世界上有了更安全的避雷针。更安全的避雷针已不是针状，而像鸡毛掸子。这种避雷针是由两位美国人发明的。据最近美国《纽约时报》报道，这种避雷针中心是一根管子，其顶端引出2000条细细的导线，这些导线呈辐射状分布。这种方式可以更好地驱散聚集在建筑物周围的静电荷。

目前，我国研制成功了半导体消雷器，它的防雷效果远远超过避雷针，也远远超过美国、法国、澳大利亚生产的同类产品。半导体消雷器具有两大功能：当建筑物上空出现强雷云的时候，它发出长达1米的电晕火花，中和天空电流，起到消减雷击的作用；万一雷击下来，半导体消雷器上的有关装置，也可以把雷击放出的强大电流阻挡住。

小博士多多考考你

1.有关"避雷室"的最早记载出现在什么时期？

_____

_____

2.我国研制的半导体消雷器是如何实现避雷功能的？

_____

_____

我的小收获

　　每件事物的发明都是世人精心研究的结果，每件事物被发明之后并不是被人们置之不管的，人们还会对它进行研究改良。避雷针的演进轨迹一定给了你很大启示吧？

　　读了上面的文章，我们清楚地看到了避雷针的发展轨迹：避雷室→避雷兽→避雷针→辐射状避雷针→半导体消雷器。这让我们懂得了事物是不断发展的，我们不能固步自封，要懂得精益求精，发明更优良、更先进的东西。

雷电的利用

　　人类在历史长河中，战天斗地，不屈不挠，改造自然，不断进取，才有了今天的欣欣向荣。科学的普及，社会的进步，使人类更加坚定地向自然进军，试图征服自然。

> 人类在向自然进军的同时，不要忘记人与自然要和谐相处哦！

　　很早就有人做过利用闪电制造化肥，使土地肥沃的实验。我们知道，氮和氧是空气的主要成分。氮是一种"不活泼"的气体，在常温下，它不易与氧化合，但是当温度很高时，它们就能化合成二氧化氮。

　　自然界的闪电火花有几公里长，温度很高，一定有不少氮和氧化合生成二氧化氮。闪电时生成的二氧化氮溶解在雨水里变成浓度很低的硝酸。它一落到土壤中，马上和其他物质化合，变成硝石。硝石是很好的化肥。有人计算过每年每平方公里土地上有100克到1000克闪电形成的化肥进入土壤。

　　电力科学家希望更好地了解雷电，他们通过不懈的努力，终于降伏雷电，使雷电不再破坏威胁电力设施。但是，目前能不能很好地利用雷电仍然是科学的焦点。科技人员认为，雷电是可以部分利用的，可是由于雷电的威力极大，难以被征服，这才成为科学的焦点中的难题。

雷电的利用可以从避雷器这方面入手：避雷器是人为地将雷电引导入地，试图消灭雷电，避免雷电对人类造成损失，这对电网安全运行是绝对起作用的。既然避雷器能引导雷电入地，那么把雷电部分留下来，应该也是可行的，但应该考虑以下方面：

跨步电压的时间：在所有避雷区域，在雷击时，防跨步电压是必要的，那么跨步从这一步到下一步，从时间上讲有差距，哪怕是0.001秒也是时间，也是能利用的点。把握好这一时间，是利用雷电的关键。

> 连0.001秒都成了能够利用的点，由此可见科学研究的严谨程度。

削去峰值：雷电量的大小是无法计量的，但总有一个量，我们可以不用全部，而只利用其中的一部分，削去峰值，适当增加接地电阻，做到既能顺利卸掉雷电，又能增加雷电的放电时间，达到调峰延时的效果，再把时间延长0.001秒。

雷电

限制雷电流：直流设备都利用限流装置，在一定电压下，电流是一定的，那么削去峰值后的雷电流，利用限流装置，让一部分雷电流流过，这个电流是指正极性的雷电电流，是可以利用的。

极性自动转换：如果雷电是负性，让这种装置自动切换，允许负性电流通过，所接负载也随之变换。为了保证极性无误，末端加装大功率开关整流管。同时，如果电压太高电流太强，利用延时通断中间继电器，可自动重复放一部分电。

由此研究出一种雷电混合整流器，整流器将交变电压转变成人们需要的直流电压，整流部分按所需要求，装设雷电部分，加装以上所提及的保护保证装置，接通交变电流源，整流器提供直流电源。和收音机天线一样，雷电整流器需加引一根导线，从避雷器中间引雷，雷电部分从导线进入该装置，另一部分从雷电器卸掉。但这又要考虑雷电的高电压，不然的话会引起一系列装置大爆炸，危险性极高。

现在的科技水平还达不到利用雷电的水平，需要科学家们继续努力。

小博士多多考考你

1.雷电是如何为土壤生产肥料的？请结合文中相关语句简要介绍。

_____

_____

2.人类要想留住雷电，在技术方面需要考虑哪些方面的问题？

_____

_____

我的小收获

　　通过本文的阅读，我对雷电有了一些新的认识。在科学技术飞速发展的今天，人类不仅可以轻松避免雷电带来的灾害，甚至还能利用雷电为人类造福。但在生产力水平比较落后的年代，雷电带给人类的只有灾难。我们从这里感受到了科学技术对社会发展的重要作用。

大自然的文字

课文再现

　　《大自然的文字》是一篇科普性说明文，生动形象地介绍了大自然的文字以及辨识这些文字的意义，让同学们知道了大自然中充满各种知识，激发了同学们观察、了解、探索大自然的思想感情。

小博士多多有话说 <<<<

　　同学们好！我是小博士多多。我给你们解释一下，这里所说的"大自然的文字"指的就是人们能根据大自然的一些现象，推测出一些有用的知识。比如说我们能够根据树木的年轮，推断过去几年的天气状况如何。

　　自然界中藏着无尽的知识，等待着我们去发现。除了书本上介绍的例子，你还读懂了哪些有趣的大自然的文字？现在，先让小博士我给你举几个例子吧！

课外链接

鸟儿"气象员"

　　鸟儿王国是个享有盛誉的"气象台"。有些鸟儿身怀绝技，发布天气预

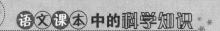

报相当准确，可以称得上人类的"气象顾问"。

预报风向是乌鸦的拿手好戏。人们只要看一下它朝什么方向站着，就可以知道吹的是什么风。它的头朝南，便是南风；头朝北，便是北风。因为它为了保护羽毛，总是让风顺着羽毛吹。

大雁是预报寒潮的专家。当北方的冷空气南下时，大雁就成群结队地往南飞，以躲过寒潮带来的风雨和低温天气。"大雁南飞寒流急"，这可一点不假。秋夜，大雁还用更加独特的方式发布气象信息："一只雁叫天气晴，二只雁叫雨淋淋，三只四只群雁叫，当心大雨过屋顶"。这是人们经过验证总结出来的谚语。因为啼叫的大雁越多，空气中的湿度就越大，预示着大雨将至。

冬天，你若想知道是否会下雪，可以向老鹰这位"气象顾问"咨询。老鹰一般很少发出叫声，只有当没有食物可猎取或冬天气温很低，身体感到寒冷时才会鸣叫。冬天高空气温很低，就可能下雪，所以"老鹰高空叫，大雪就来到"之说广泛流传于民间。

"雀噪天晴，洗澡有雨。"麻雀喜晴厌雨，晴天的早晨，若成群的麻雀唧唧喳喳叫个不停，预示继续天晴。若在阴雨天的早晨，群雀叫声清脆，则预示着天气会很快转晴。夏秋季节，天气闷热潮湿，麻雀奇痒难忍，便飞到浅水处洗澡散热，这预示着一两天内会下雨。

古巴一位退休的船长，家里养了一只能唱许多曲子的鹦鹉，它居然能将天气的变化用固定的曲调唱出来。例如它唱施特劳斯的圆舞曲时，就意味着快要下雨了；在暴风雨到来之前，鹦鹉唱的是桑巴舞曲；如果从鸟笼里传出来的是进行曲，就是向人们预报，飓风要来了。

小博士多多考考你

1. 乌鸦为什么要朝着风向站立？这给人们带来什么启发？

_____

_____

2. 除了文中介绍的几种鸟类，你还知道哪些能够预测气象的动物的行为呢？（至少写出一种）

_____

_____

我的小收获

读了上文，我很吃惊地知道了乌鸦可以预报风向，大雁可以预报寒潮，老鹰可以预报是否会下雪，鹦鹉可以唱出天气变化。

自然界中藏有许多奥秘，我相信，只要做一个有心人，时常留心观察、探索，一定会有所发现。

看云识天气

天上的云，姿态万千，变化无常。天上挂什么云，就将出现什么样的天气。这些白云就像是天气的"招牌"。

经验告诉我们：天空的薄云，往往是天气晴朗的象征；那些低而厚密的云层，常常是阴雨风雪的预兆。

那最轻盈、站得最高的云，叫卷云。这种云很薄，阳光可以透过云层照到地面，房屋和树木的光与影依然很清晰。卷云丝丝缕缕地飘浮着，有时像一片白色的羽毛，有时像一块洁白的绫纱。如果卷云成群成行地排列在空中，好像微风吹过水面引起的鳞波，这就成了卷积云。卷云和卷积云都很高，那里水分少，它们一般不会带来雨雪。还有一种像棉花团似的白云，叫积云。它们常在2000米左右的天空，一朵朵分散着，映着灿烂的阳光，云块四周散发出金黄的光辉。积云都在上午出现，午后最多，傍晚渐渐消散。在晴天，我们还会偶见一种高积云。高积云是成群的扁球状的云块，排列很匀称，云块间露出碧蓝的天幕，远远望去，就像草原上雪白的羊群。卷云、卷积云、积云和高积云，都是很美丽的。

当那连绵的雨雪将要来临的时候，卷云在聚集着，天空渐渐出现一层薄云，仿佛蒙上了白色的绸幕，这种云叫卷层云。卷层云慢慢地向前推进，天气就将转阴。接着，云层越来越低，越来越厚，隔

原来不同类型的云，还可以相互转化。

着云看太阳或月亮，就像隔了一层毛玻璃，朦胧不清。这时卷层云已经改名换姓，该叫它高层云了。出现了高层云，往往在几个钟头内便要下雨或者下雪。最后，云压得更低，变得更厚，太阳和月亮都躲藏了起来，天空被暗灰色的云块密密层层地布满了，这种云叫雨层云。雨层云一形成，连绵不断的雨雪也就降临了。

夏天，雷雨到来之前，在天空会先看到积云。积云如果迅速地向上凸起，形成高大的云山，群峰争奇，耸入天顶，就变成了积雨云。积雨云越长越高，云底慢慢变黑，云峰渐渐模糊，不一会儿，整座云山崩塌了，乌云弥漫了天空，顷刻间，雷声隆隆，电光闪闪，马上就会哗啦哗啦地下起暴雨，有时竟会带来冰雹或者龙卷风。

云，能够帮助我们识别阴晴风雨，预知天气变化，这对工农业生产有着重要的意义。我们要学会看云识天气，就要虚心向有经验的人学习，留心观察云的变化，在反复的观察中掌握规律。但是，天气变化异常复杂，看云识天气毕还有一定的限度。要准确掌握天气变化的情况，还得依靠天气预报。

1.为什么说云就像是天气的"招牌"？这里运用了什么修辞手法？

_____

_____

2.作者在文中介绍了哪几种云，其中哪些云预示着雨雪天气的到来？

_____

_____

我的小收获

学习了本文我才知道，云里面居然隐藏着这么多学问。通过作者生动的介绍，我不仅学会了怎样辨别云的类型，还了解到各种类型的云分别预示着怎样的天气。今后我也要像作者那样，做一个善于观察的人，去发现大自然的更多奥妙。

夜晚的实验

课文再现

《夜晚的实验》讲述了意大利科学家斯帕拉捷通过夜晚的 4 次实验，揭开了蝙蝠是依听觉来飞行的秘密，人们由此发现了超声波，并将超声波广泛应用到航空、航海、工业、农业、军事、医疗等领域。

小博士多多有话说 <<<<

大家好！我是小博士多多。生物界是十分奇妙的，人类不仅从蝙蝠身上发现了超声波，还在别的生物身上有所发现，制造出了许多科学仪器，比如说鲇鱼与地动仪、电鱼与伏打电池、海豚与回声定位器、水母与风暴探测仪、电鳐与发电机，等等。现在让小博士我带领大家一起去看看其中的一些资料吧！

课外链接

螳螂的"瞄准仪"

夏天，在树荫草丛中，隐蔽着浑身绿装的螳螂。它那两只锯齿形的大前臂放在胸前，好像合掌念经的和尚一样，一动不动地待在那里。突然，一只小蛾子从螳螂面前飞过，只见螳螂凶相毕露，前臂猛然一击，就把蛾子一举捕获。这个过程非常短，前后只有0.05秒。

螳螂

螳螂为什么有这种既准确而又快速的扑击本领呢？原来，螳螂是靠两种器官来传递信号的，一种是复眼，另一种是颈前两侧的几丛感觉毛。螳螂的双眼不会转动，可是它的头却能朝任何方向转动。

螳螂的两个很大的复眼，是视觉器官，也是个特殊的速度计，它传到大脑的信号，使头部对准蛾子。螳螂在跟踪蛾子时，头的转动压缩着一丛感觉毛，由于形状的改变，从细毛传到大脑的是另一种信号。大脑的神经系统得到两种互有差别的信号后，立即作出决定，双臂应该朝什么方向、用什么速度去袭击。

螳螂为什么不根据一侧复眼的视觉信号去直接袭击，而还要转动头部呢？科学家认为，螳螂捕猎时，不仅要知道蛾子所在的方向，还要掌握它的距离。距离的察觉，就需要两只复眼的视觉作用来完成。只有距离算准了，才能精确地命中目标。

自然界真是神奇啊！

螳螂的感觉丛毛是怎样传递信号的呢？原来，感觉丛毛是两个感受垫，由几万根弹性毛组成，头转动时，一边受压力，丛毛被压弯；一边则减小压力，丛毛伸直。毛的弯曲刺激由毛茎部的感觉细胞传到大脑，而左右神经感受到的差别信号，正是螳螂头部旋转角度的量度。这是极为精确的"瞄准仪"。

小博士多多考考你

1.螳螂是靠什么来传递信号的？

_____

_____

2.作者在第一自然段对螳螂捕食小飞蛾的情景进行了生动描写，这在文中有何作用？

_____

_____

我的小收获

　　自然界的生物总是具有某些令人吃惊的特殊能力，这些特殊能力是它们生存的需要，也能给人类许多启示。学习了《螳螂的"瞄准仪"》这篇文章，我们对螳螂是怎样捕食的以及螳螂传递信号的特殊器官都有了较为深刻的了解：螳螂就是靠它的复眼和感觉丛毛来确定猎物的位置以及飞行速度的，进而采取迅捷的速度捕捉猎物。这两种传递信号的特殊器官，就构成了精确的"瞄准仪"。

电鱼与伏打电池

　　自然界有许多生物都能产生电，仅仅是鱼类就有500余种。人们将这些能放电的鱼，统称为"电鱼"。

> 电鳗竟然能够击毙比自己体积大数倍的动物，真令人感到惊奇。

　　各种电鱼放电的本领各不相同，放电能力较强的是电鳐、电鲶和电鳗。中等大小的电鳐能产生70伏左右的电压，而非洲电鳐能产生的电压高达220伏；非洲电鲶能产生350伏的电压；电鳗能产生500伏的电压，有一种南美洲电鳗竟能产生高达880伏的电压，称得上电击冠军，据说它能击毙像马那样的大动物。

电鱼

　　电鱼放电的奥秘究竟在哪里？经过对电鱼的解剖研究，研究者终于发现在电鱼体内有一种奇特的发电器官。这些发电器官是由许多叫电板或电盘的半透明的盘形细胞构成的。由于电鱼的种类不同，所以发电器官的形状、位置、电板数都不一样。电鳗的发电器官呈棱形，位于尾部脊椎两侧的肌肉中；电鳐

的发电器官形似扁平的肾脏，排列在身体中线两侧，约有200万块电板；电鲶的发电器官起源于某种腺体，位于皮肤与肌肉之间，约有500万块电板。单个电板产生的电压很微弱，但由于电板很多，产生的电压就很大了。

电鱼这种非凡的本领，引起了人们极大的兴趣。19世纪初，意大利物理学家伏打，以电鱼发电器官为模型，设计出世界上最早的伏打电池。因为这种电池是根据电鱼的天然发电器官设计的，所以把它叫做"人造电器官"。对电鱼的研究，还给人们这样的启示：如果能成功地模仿电鱼的发电器官，那么，船舶和潜水艇等的动力问题便能得到很好的解决。

1.本文重点介绍了哪几种能够放电的鱼？哪一种鱼的放电能力最强？

_____

_____

2.电鱼放电的奥秘在哪里？

_____

_____

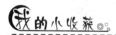

读了本文，我了解到放电不是只有人类才能掌握的技术，自然界中能够产生电的生物有很多种，并且有些动物的放电能力非常强大，甚至能够猎杀比自己大许多倍的动物。如果能够完全破解动物放电的奥秘，定能为人类缓解能源压力拓宽思路。

鸟儿的侦察报告

课文再现

《鸟儿的侦察报告》以童话故事的形式，用作者的鸟儿朋友给作者发来的四份侦察报告贯穿全文，诉说鸟类遭到人类迫害的种种情形，形象地说明了人类滥用农药、石油泄漏、排放废气等行为对生态环境造成的严重破坏，带来了令人心痛的恶果，读后令人警醒。

小博士多多有话说 <<<<

同学们好！我是小博士多多。由于人类的破坏，生态世界失去了应有的平衡，环境被破坏了，资源被污染了，气候正在变暖，物种正在消失，冰川正在融化……再这样下去，地球将不再是地球，我们不得不深刻反省自己。

课外链接

美丽生灵的凄凉挽歌

欧洲原牛：神牛之舞

[灭绝时间：1627年]

原牛是一种颇具传奇色彩的野生牛，它虽分布在欧洲，却与欧洲野牛是完全不同的物种。

原牛的名称在拉丁语中意为家牛之祖。家牛源于原牛，最典型的特征见于西班牙斗牛，西班牙斗牛的脊梁骨中线有一条浅色的纹线，颇具原牛之古风。

斗牛的历史源远流长，可以追溯到古罗马的人兽角斗，而西班牙的斗牛也有2000多年的历史，他们先是以原牛为猎获的对象，而后拿它做游戏，进而将它投入战争。

原牛体格健壮，身躯魁伟，肩高1.8米，双角尖耸，表现了特有的威风。

在有记载以前，原牛便已广布欧亚大陆，最后的2000年，仅限于欧洲中部。在古欧洲，人们以拥有多多益善的牛角为荣，热衷于搜集牛角并镶上银边，用作筵席的饮具，捕杀原牛成为家常便饭。

1359年，泽姆维特公爵曾保护过原牛，使波兰成为原牛最后的庇护地。但1590年在原牛最后的领地——波兰，只有20只原牛了，1620年剩下最后1只。

1627年，世上唯一的原牛在孤独中死去。

西非狮、北非狮：王者内心的风暴

[西非狮灭绝时间：1865年　北非狮灭绝时间：1922年]

西非狮、北非狮同现在的非洲狮一样，体重达120～250公斤，体长太140～192厘米。另据记载，世界上最大的北非狮身体全长3米左右，是地球上体形最大的狮子。

在欧洲人类文化中，人们把狮子看作勇气与崇高的象征。英国、挪威、丹麦等国的国王在其王冠上都饰以狮子的图像。因而，狮子在这个世界上比其他动物更具有文化的象征意义。

但是令人不可思议的是，这种被人类赋予了更多灵性和光环的动物，从古罗马时代开始就遭遇到人类强加给它的巨大威胁。

狮　子

很久以前，强大的古罗马人征服了其他地方的种种文明，同时，他们也征服了西非狮和北非狮。西非狮和北非狮被运送到可容纳25万名观众的大竞技场，供人们娱乐。

有时，人们会安排狮子与剑斗士进行格斗表演。罗马皇帝为了举行一次盛大的战争胜利纪念游行，曾捕获

600只狮子运到罗马。

16世纪，欧洲人踏上了西非和北非，对狮子的残杀更加变本加厉。他们把猎杀狮子视为最隆重的狩猎活动。由于人类的过度捕杀，现在狮子只在东非及南非有少量分布，并且大多生活在国家公园内，且处在濒临灭绝的危险之中。

> 人们这样做安心吗？我们早晚会受到惩罚的。

1865年，最后一只西非狮也倒在了枪口之下。进入20世纪以后，被称为狮中之王的北非狮的最后阵地是摩洛哥的阿特拉斯山脉。1922年，北非狮被满门抄斩，丧失了最后的荣华。

塞舌尔象龟：迷失在坍塌的伊甸园

[灭绝时间：1918年]

在非洲大陆以东，碧波浩瀚的印度洋西部，有一片美丽的岛屿，这就是塞舌尔群岛。传说这里曾是亚当和夏娃居住过的地方，故有"伊甸乐园"和"爱情之岛"的美称。

塞舌尔群岛在200年前曾是象龟的天堂，众多的象龟自由地在海边栖息和繁殖。

象龟属陆上旱龟，一般体重为2.5公斤，塞舌尔象龟最大的重达270公斤，身长有1.2米。

象龟的寿命很长，可算是动物中寿命最长的。1737年，科学家们在印度洋的一个岛上捕获了一只约100岁的象龟。这只象龟被送到英国，在一个动物园又活了很长的时间，20世纪20年代还生活在那里。

尽管塞舌尔的许多岛屿还保持着原始的状态，成为珍异动植物的庇护所，然而塞舌尔象龟却在20世纪初灭绝了。

最初对象龟进行疯狂杀戮的是18世纪来自欧洲的航海者，他们长期航行在海上，食物来源非常有限。当他们来到塞舌尔群岛，看到数不胜数的象龟后，便尝试着以之来作为食品。

开始时他们把大量的象龟宰杀后，把象龟肉用盐腌渍起来备用，后来他们发现象龟在绝食的情况下能活好几个月，便不再宰后腌渍，而是捕捉大量的活象龟储备在船上，随时食用，以品尝到新鲜的象龟肉。

象龟肉的营养价值很高，味道鲜美，引得航海者大肆捕捉。据18世纪的一篇航海日志中记载：当时一艘船大约会捕食1000～6000只象龟。

经过长年的捕杀，塞舌尔群岛的象龟越来越少。等到18世纪末，在塞舌尔及印度洋的其他岛屿上几乎再难见到象龟的踪迹。

小博士多多考考你

1.原牛、西非狮、北非师和象龟为什么会灭绝？

_____

_____

2.人们大量捕杀原牛的原因是什么？

_____

_____

我的小收获

　　人类作为食物链顶端的王者，对其他生物有着重要的影响。正是由于人类无止境的索取而不知道保护，原牛、西非狮、北非狮、象龟等生物最终灭绝了。这个惨痛的事实告诉我们：要保护物种，不大肆捕杀动物，保全物种的完整性。

拿什么拯救你，消融的冰川

　　全球变暖引发冰川消融，不要以为受到威胁的只是某一类物种，在问一问北极熊、岛民和我们自己后，你会发现，"后天"并不遥远。

问一问北极熊

　　北极变暖的速度是全球平均速度的两倍。每年夏季，北冰洋地区被冰层覆盖的面积正逐年递减，而余留的冰层正变得越来越薄。

北极熊依靠海洋冰层生活,它们在那儿捕猎海豹,利用冰层上的通道从一个地区迁移至另一个地区。特别是怀孕的雌熊,它们通常在覆盖有厚重雪层的地区筑窝。当春天来临,它们带着新生的小熊从窝里走出来时,已经饿了5~7个月。所以,为了它们自身和小熊的生存,它们需要条件优越的春季海洋冰层生存环境。

有些气候模型预测:到本世纪末,北极的海洋冰层有可能在夏季时全部融化。如果这种情况发生的话,北极熊很可能就此灭绝。

> 严峻的形势已经步步逼近。

问一问岛民

在过去的一百年间,全球海平面每年上升1~2毫米。但自1992年以来,海平面上升的速度增至每年3毫米,主要是因为变暖的海洋的扩散以及融化的冰水流入海洋。

冰 川

融化的冰水是导致海平面上升的主要原因,这些冰水主要来自格陵兰和南极的冰原。在格陵兰冰原,冰融化的速度比新冰凝结的速度要快。而在南极,在过去的11年里,南极半岛有三部分的冰架已经坍塌。其结果是,缺乏冰架支撑的冰川活动显著加速,冰层也随之变薄。

随着海平面的升高,居住在较低地势海岛及海洋沿岸城市的居民面临着被淹没的危险。2005年12月,生活在瓦努阿图太平洋海岛链的一个小社区的居民或许是第一批由于气候变化而不得不正式移居他地的居民。

问一问你自己

为避免可能造成巨大灾难的气候变化,有许多事情我们可以做。其中包括使用低碳和可再生能源,如太阳能、风能、生物质能和地热能。另外,获取和储存二氧化碳的潜力也很大,很多分析表明核能可以起重要的作用。

一个低温室气体的将来同样也需要社会的变革。目前,数以百万计的家庭正在使用太阳能热水器,而且越来越多的家庭开始利用太阳能发电。在冰岛,

> 通过世界各国人民作出的努力,我们看到了地球环境的美好未来。

丰富的水能和地热能正被用来从水中提炼出氢气作为替代矿物燃料的主要能源。在巴西，从甘蔗中合成出的乙醇已替代了整个国家汽油需求量的40%。

从越南到澳大利亚，从肯尼亚到墨西哥，人们正联合在一起种植树木，他们中许多人都参与了联合国环境规划署所组织的"为地球植树"的活动——10亿棵树的战役。树木在生长过程中可以吸收二氧化碳，从而能起到减缓气候变化的作用。

1.导致海平面不断上升的主要原因是什么？

_____

_____

2.文中列举了哪些可再生能源的例子？你能根据这些例子给可再生能源下一个定义吗？

_____

_____

我的小收获

全球气候变暖将给地球带来严重的后果，这决不仅仅是科学家们的事情，而是关系到每一位地球公民的命运。令人欣慰的是，科学家们找到了遏制全球气温变暖的有效方法，只要我们坚持使用低碳和可再生能源，加大植树造林的力度，就可以为地球降温，从而保护我们的地球家园。

地质书简

最大的"书"

课文再现

《最大的"书"》以地质勘探队员叔叔和川川的对话为主线，向同学们展示了岩石这本"书"的无穷魅力。通过叔叔的介绍，描绘了"书"中的"字"、"画"以及这本"书"的作用。

小博士多多有话说 <<<<

同学们好，我是小博士多多。学习了《最大的"书"》这篇课文，我们初步了解了岩石的地质作用，它能够记录古老的地质活动和生物特征。那么，岩石就必须要具备"古老"这个特点。随着地质的不断变化，岩石也会产生一些变化，有的岩石最终会变成沙粒呢。你知道岩石有多老吗？从岩石的演变，我们还可以大致推测出地球的年龄呢，那你知道地球的年龄是多大吗？

课外链接

岩石究竟有多老

岩石是天然产出的具有稳定外型的矿物或玻璃集合体，按照一定的方式

岩层

结合而成，是构成地壳和地幔的物质基础，按成因可分为岩浆岩、沉积岩和变质岩三种。其中岩浆岩是由高温熔融的岩浆在地表或地下冷凝所形成的岩石，也称火成岩或喷出岩；沉积岩是在地表条件下由风化作用、生物作用和火山作用的产物经水、空气和冰川等外力的搬运、沉积和成岩固结而形成的岩石；变质岩是由先成的岩浆岩、沉积岩，由于其所处地质环境的改变经变质作用而形成的岩石。

古老岩石都出现在大陆内部的结晶基底之中。代表性的岩石属基性和超基性的火成岩。这些岩石由于受到强烈的变质作用已转变为富含绿泥石和角闪石的变质岩，通常我们称这为"绿岩"。如1973年在西格陵兰发现了同位素年龄约38亿年的花岗片麻岩。1979年，巴屯等测定南非波波林带中部的片麻岩年龄约为39亿年。

加拿大北部的变质岩——阿卡斯卡片麻岩是保存完好的古老地球表面的一部分。放射性年代测定表明阿卡斯卡片麻岩有将近40亿年的年龄，从而说明某些大陆物质在地球形成之后几亿年就已经存在了。

最近，科学家在澳大利亚西南部发现了一批最古老的岩石，根据其中所含的锆石矿物晶体的同位素分析结果表明，它们的年龄约为43亿至44亿岁，是迄今发现的地球上最古老的岩石样本，根据这一发现可以推论，这些岩石形成时，地球上已经有了大陆和海洋。在地球诞生2亿至3亿年后，可能并不像人们所认为的那样由炽热的岩浆所覆盖，而是已经冷却到了足以形成固体地表和海洋的温度。地球的圈层分异在距今44亿年前可能就已经完成了。

> 这么古老的岩石，能够记录的信息就更多更珍贵了。

目前在中国发现的最古老岩石是冀东地区的花岗片麻岩，其中包体的岩石年龄约为35亿年。

小博士 多多 考考你

1.按照成因，岩石可以分为哪几种？

2.目前中国发现的最古老的是什么岩石？

_____

_____

　　岩石是地质活动的产物，它属于一些矿物质的固态结合体，结构相对稳定，能够长时间存在。所以，它能够记录很多的地质信息，对人类研究生物的进化史，甚至地球的进化史都起着非常重要的作用。

请问地球你多大

　　听起来这是个很简单的问题，可要准确回答还真有点儿难。

　　科学家用同位素地质测定法，找到最古老的岩石，测定地球有44亿岁了。

　　可是，最古老的岩石是地球冷却下来形成坚硬的地壳后才保存下来的，并不是地球出世时留下来的最早证据，所以并不能代表地球的整个历史。

年龄的计时器——岩石

　　没有人知道，地球到底有多大年龄。这主要是因为地球的形成本身就是个谜，更别谈其确切的年龄了。现在，人们所说的地球的年龄，主要是根据地质测算出来的。

化　石

　　那用的是什么样的科学方法呢？目前科学上普遍采用的是放射性同位素方法——它是根据岩层中岩石的放射性元素和它们生成的同位素的含量，作为测定地球年龄的"计时器"。根据地球的地貌，并对地下岩石进行研究，科学家推断地球存在将近有46亿年了。

历史记录者——化石

在地球漫长的历史中，究竟发生了些什么大事呢？虽说没有文字记录，可各个时期留下的化石，却为我们认识地球提供了帮助。

在距今2.3亿年前，恐龙是当时陆地上最庞大的动物。恐龙和今天的爬行动物很相像：皮肤粗糙，而且会生蛋。不同的是，恐龙的脚位于身体的正下方，是直立的，所以，恐龙跑起来比当时的其他动物要快。

这些都是科学家通过化石了解到的。假如地球的历史是一部书，化石就是镶嵌在文字中的图片，它们不仅能生动地注解神秘的史前世界，而且本身也是地球历史的见证者。

寿命知多少

既然地球已存在了46亿年，那它还能"活"多久呢？科学家认为，要是任凭地球自由自在地运转，恐怕它会永远存在下去。但要是有别的外来因素干扰它，地球就可能会有危险，最大的外来因素就是太阳，因为它是离地球最近、能够左右地球的星球。

要知道，太阳的能量来自于热核反应，太阳的一生将度过引力收缩阶段、主序星阶段、红巨星阶段以及致密星阶段。其中，主序星阶段是太阳的稳定时期，这一阶段将持续100亿年。目前太阳只度过了一半时间，正处于中年时期。一旦太阳到了红巨星阶段，那么地球的末日也就来临了。当然，这是几十亿年以后的事，不用担心。

> 地球的寿命很长吧？但在浩瀚的宇宙中，这样的寿命是很常见的了。

小博士多多考考你

1.人们是从何处推测出地球的年龄的？

_____

_____

2.为什么说化石是地球历史的见证者？

_____

_____

我的小收获

地球究竟存在了多长时间？在这漫长的岁月中又经历了什么？将来又会有什么样的变化？这些问题我们都可以通过科学研究进行推断。科学家们采用放射性同位素的方法来测定地球的年龄，通过化石来注解史前世界，通过科学分析来预测地球的寿命，读了这篇文章，我对科学有了更多的了解。

小小资料箱

为什么北极没有企鹅？

实际上，很久以前，冰天雪地的北极也曾经有过企鹅，动物学家叫它们"北极大企鹅"。不过因为种种原因，它们灭绝了。

和北极大企鹅不同，现在生活在南极的企鹅，可是"外来户"！你怎么也想不到，它们的祖先最早居然是住在赤道以南的。后来，可能是气候变得越来越热，也可能是想换个新环境体验新的生活，企鹅们开始搬家。因为越往北走越靠近赤道，较高的气温和温暖的水流阻挡了它们前进的步伐。不得已，企鹅的祖先们没有继续向北挺进，最终选择了南下，一直来到了更适合生存的南极，才安家落户，定居了下来。

恐龙的灭绝

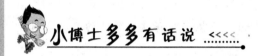

课文再现

　　《恐龙的灭绝》是一篇科学知识小品文。全文以科学家们关于"恐龙灭绝"的说法为线索，介绍了恐龙灭绝的几种原因。"恐龙"是孩子们非常感兴趣的一个话题，虽然恐龙是已经不存在的生物了，但文章从题目到内容都吸引着同学们的好奇心。

小博士多多有话说 <<<<

　　同学们好！我是小博士多多。在课文中，我们了解了恐龙灭绝的几种可能性，但是，关于恐龙的知识，同学们又了解多少呢？提起恐龙——这个比人类历史还漫长的物种，我们都有很浓厚的兴趣。下面，我给你们介绍一些关于恐龙的小知识吧！

课外链接

是谁发现了恐龙

　　1822年3月的一天，天气非常寒冷，曼特尔先生出门去给病人看病，他的夫人在家里等着他回来由于曼特尔夫人心里惦记着丈夫会不会着凉，于是她就带上一件丈夫的衣服往曼特尔出诊的方向走去。走在一条正修建的公路

上，她习惯性地边走边观察路两边新裸露出来的岩层。忽然，一些亮晶晶的东西引起了她的注意。"这是什么东西？"她一面自言自语，一面走上前去仔细观看。哇！原来是一些样子奇特的动物牙齿化石。曼特尔夫人从来没有见到过这么大的牙齿。强烈的兴奋使曼特尔夫人忘记了给丈夫送衣服这件事，她小心翼翼地把这些化石从岩层中取出来带回了家。

曼特尔先生回到家中，看到夫人新采集到的化石，也惊讶极了。随后不久，曼特尔先生又在发现化石的地点附近找到了许多这样的牙齿化石以及更为巨大的骨骼化石。为了弄清这些化石到底是属于什么生物的，曼特尔先生把它们带给了法国博物学家居维叶，请这位当时在全世界最有名的学者来鉴定。

居维叶根据他掌握的动物学知识作了一个判断，他认为牙齿是犀牛的，骨骼是河马的，它们的年代都不会太古老。

曼特尔先生对居维叶的鉴定非常怀疑，他决定继续考证。从此，只要一有机会，他就到各地的博物馆去对比标本，查阅资料。

> 多么严谨的态度！多么执著的精神！

两年后的一天，他结识了一位博物学家，此人当时正在研究一种生活在中美洲的现代蜥蜴——鬣蜥。于是，曼特尔先生就带着那些化石与博物学家收集的鬣蜥的牙齿相对比，发现两者非常相似。喜出望外的曼特尔先生就此得出结论，认为这些化石属于一种与鬣蜥同类、但是已经灭绝了的古代爬行动物，并把它命名为"鬣蜥的牙齿"。

后来，随着人类对这些远古动物的认识越来越深入，发现曼特尔所谓的"鬣蜥"实际上是种类繁多的恐龙家族的一员。它确实与鬣蜥一样属于爬行动物，但并非鬣蜥。不过，按照生物命名法则，这种最早被科学地记录下来的恐龙的种名的拉丁文字并没有变，依然是"鬣蜥"的意思。它的中文名称则被译为"禽龙"。

禽龙是科学史上最早记载的恐龙，发现它的，就是乡村医生曼特尔以及他那位热爱大自然的妻子。

鬣蜥

至于"恐龙"这一名字的由来，就要说到英国古生物学家理查德·欧文。欧文对英国巨大的古爬行动物化石作了总结性的研究，觉得很有必要给它们取一个名字。他把希腊单词"恐怖"dinos和"蜥蜴"sauros组合起来，于是，dinosaur——"恐怖的

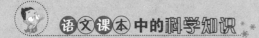

蜥蜴"一词便随之诞生了。我国科学家则把它简捷地翻译为"恐龙"。

小博士多多考考你

1.是谁最先发现了恐龙化石？

_____

_____

2.科学家是怎样确定这些化石就是已经灭绝了的古代爬行动物的？

_____

_____

我的小收获

通过阅读本文，我对化石有了更多的了解。恐龙早在几千万年前就已经灭绝，但大自然却神奇地保存了它们的痕迹。通过对恐龙化石的发掘和研究，科学家们不仅为我们展示了恐龙曾经在地球上生活的情景，同时也让我们对动物的进化过程有了更多的认识。

恐龙颜色之谜

在北京国家博物馆的展览大厅里，曾经举办过一个别开生面的机器恐龙博览会。展出的机器恐龙不仅个个栩栩如生，而且色彩鲜艳。只见正在捕食的霸王龙身上布满了老虎一样的条纹；角龙的脖子上涂着蝴蝶般美丽的图案，而背脊却漆黑发亮。

蜥脚类恐龙

我们过去在自然博物馆或电影、电视里看到的恐龙，差不多都是草绿色或土黄色的。为什么这个博览会上的机器恐龙却是五彩缤纷的？恐龙到底是什么颜色的呢？

早在6500万年以前，恐龙就已经在地球上绝迹了，根本没有人见到过真正的恐龙。1822年，英国青年乡村医生曼特尔的夫人在丈夫出诊的路上发现了一些恐龙化石。后来，曼特尔根据找到的这些化石复原了恐龙的骨架，然后根据丰富的想象，才画出了恐龙的形象和色彩。

其实，对于"恐龙到底是什么颜色的"这个问题，科学家们的意见也不一致。

现在的古生物学家们普遍认为：恐龙实际上并没有全部断子绝孙，鸟类的祖先就是一种吃肉的小型恐龙——虚骨龙。有的恐龙专家根据这个观点推论：恐龙和鸟类一样，为了结识和亲近异性的恐龙，就必须把自己装扮得醒目诱人，而鸟的冠和脖子一般都是色彩鲜艳的，所以恐龙身体的这些地方也应该是色彩鲜艳的。前边提到的恐龙博览会上的机器恐龙，就是在这些专家的指导下设计制造的。他们还认为，恐龙身体的颜色还跟它们的视觉有关。恐龙的眼睛和鸟类一样，不仅很大，而且具有识别颜色的能力。

但也有一些学者持相反的意见。他们认为：羽毛色彩艳丽的鸟差不多都是小鸟，而很多大鸟像鹰、鹫的羽毛颜色就比较单一，所以不能简单地把恐龙和鸟类相比。那些色彩鲜艳的机器恐龙不应该放在博物馆里，因为它们是不科学的，是想象出来的东西。还有人说：爬行动物的身体差不多都是一个颜色的，所以……

坚持这两种对立观点的专家谁也说服不了谁，也很难判定他们究竟谁对谁错。

> 激烈的争论体现了科学家们严谨的科学态度。

有的学者就把两方面的观点结合起来考虑。前些年，考古工作者们发掘了一处鸟龙类恐龙住的地方，发现它们的栖息地特别像鸟群的巢。另外，这些鸟龙类恐龙从刚孵化出来，到长到1米多高的一段时间内，都是不离开巢穴的。这一点也和鸟类的生活习性有相似之处。所以，

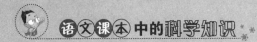

这些学者认为：恐龙的颜色很可能跟鸟类差不多……恐龙到底是什么颜色？这个问题至今还是个谜。这个谜底等待着你去揭开呢！

1.科学家们推测恐龙色彩鲜艳的依据是什么？（可用文中原句回答）

_____

_____

2.联系上下文，请在文中第六自然段的省略号处，补充恰当的内容。

_____

_____

我的小收获

　　恐龙究竟是什么颜色的呢？虽然这个问题至今还是个谜，但通过文中两种对立的观点，我却真切地感受到了科学家们积极探索的精神和对待科学的严谨态度。正是有了这样的精神和态度，人类才能一步步揭开大自然神秘的面纱。

小小资料箱

为什么最热的地方不在赤道？

　　许多人认为，赤道地区是最热的地方。其实不是。尽管赤道地区太阳光照很厉害，但白天气温很少超过35℃。这是因为赤道附近大多是海洋，一方面海水蒸发会吸收大量热量，另一方面海水的热容量大，水温升高要比陆地慢。因此，赤道圈附近的白天海洋温度不会急剧上升，那里平均气温并不像人们想象中的那么高。此外，赤道地区的降雨量非常大，几乎每天下午都下雨，这样气温就不会升得很高。

奇怪的大石头

课文再现

《奇怪的大石头》讲述的是我国著名地质学家李四光从家乡的一块大石头开始，寻找着地质线索，最终弄清了这块石头的来源的故事，说明了地质活动对地貌有着巨大影响。

小博士多多有话说 ‹‹‹‹

同学们好！我是小博士多多，通过学习李四光研究石头的故事，我们了解了更多的地质知识。正是地质的变化，让这"奇怪的大石头"跑到了李四光的家门前。那么，如此神奇的地质变化还会引起哪些奇特现象呢？让我来和你们分享一下这些资料。

课外链接

神奇的尼亚加拉瀑布

你看过杂技表演艺术家布朗亭在尼亚加拉瀑布奔腾的激流上方49米高处架起长达305米的钢索，成功地空着双手走了过去吗？你看过他蒙上双眼、头套口袋，也同样成功地走过这305米的钢索吗？是什么使布朗亭有如此力量

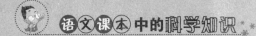

呢？那就是尼亚加拉瀑布，是它给予了布朗亭伟大而神奇的力量。

"尼亚加拉瀑布"也直译作拉格科或尼加拉瓜瀑布，"尼亚加拉"在印第安语中意为"雷神之水"，印第安人认为瀑布的轰鸣是雷神说话的声音。

印第安人的想象真丰富啊！

尼亚加拉瀑布

尼亚加拉瀑布位于加拿大和美国交界的尼亚加拉河中段，号称世界七大奇景之一，与南美的伊瓜苏瀑布及非洲的维多利亚瀑布合称世界三大瀑布。它以宏伟的气势和丰沛而浩瀚的水汽闻名于世。尼亚加拉瀑布是尼亚加拉河跌入河谷断层的产物，而尼亚加拉河是连接伊利湖和安大略湖的一条水道，仅长56千米，却从海拔174米直降至海拔75米，河道上横亘着一道石灰岩断崖，水量丰富的尼亚加拉河经此，骤然陡落，因而水势澎湃，声震如雷。瀑布分为加拿大瀑布与美国瀑布两部分，其中位于加拿大境内的马蹄瀑布，其丰沛浩瀚的水量从50多米的高处直冲而下，发出震耳欲聋的轰鸣，气势有如雷霆万钧，溅起的浪花和水汽，有时高达100多米。

它形成的主要原因为不寻常的地质构造。尼亚加拉峡谷中岩石层是接近水平的，每英里仅下降5.8～6.7米。岩石的顶层由坚硬的大理石构成，下面则是易被水力侵蚀的松软地质层。激流能够从瀑布顶部的悬崖边缘笔直地飞泻而下，正是由松软地质层上的那层坚硬的大理石地质层所起的作用。巨大的大陆冰川在更新世冰期后撤，大理石层暴露出来，形成了如今的尼亚加拉大瀑布。通过推算冰川后撤的速度，瀑布至少在7000年前就形成了，最早则有可能是在2.5万年前形成的。

小博士多多考考你

1.尼亚加拉瀑布位于何处？

_____

_____

2.尼亚加拉瀑布有什么神奇之处？请用文中的句子回答。

_____

_____

我的小收获

　　每个名字总会有它的意思，尼亚加拉瀑布的名字也有它独特的内涵。"尼亚加拉"在印第安语中意为"雷神之水"，印第安人认为瀑布的轰鸣是雷神说话的声音，这个名字也凸显了尼亚加拉瀑布水流充沛的特点。但是尼亚加拉瀑布却是因为不寻常的地质构造形成的，与神话没有什么关系。

巨人石道

　　巨人石道，无论听起来还是看起来，似乎都是人类文明的产物。但最优秀的工匠也做不出这么精美的作品，它完全是大自然鬼斧神工的杰作。

　　这个位于北爱尔兰东北部海岸一带的巨人石道，由一根根六棱柱玄武岩紧密排列成高高低低的大片石梯群。从翠绿的海峡延伸到灰蒙蒙的天边。硕大的石柱仿若巨人的管风琴、竖琴、石靴，参差不齐却

> 大自然鬼斧神工，有很多现象都让人惊叹不已。

又井然有序地排列在千年冲刷不止的海浪中，令观者为之惊叹。如此平整的柱体和光滑规则的柱面是怎样形成的呢？石柱与石柱之间结合得严密之极，插根针进去都困难，究竟是谁造的呢？

　　在爱尔兰民间传说中，巨人芬恩因爱慕住在对岸的苏格兰岛上的女巨人，所以修筑

巨人石道

193

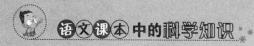

了横跨海峡到苏格兰的巨人石道。在科学家眼里，这样奇特的地形完全是因为火山熔岩逐渐冷却而形成的。相信大家对干涸皴裂的河床都有印象吧？还记得那些龟裂纹的模样吗？再看看眼前的巨人石道，有没有一点眉目了呢？其实它的成型与泥地的龟裂原理相似，只不过组成物质有所差异。据说在6000万年前，北爱尔兰的火山爆发，玄武熔岩覆盖了整个海岸，经过长时间缓慢而平均的降温，熔岩冷却、收缩、龟裂，再加上被侵蚀、风化，才形成今日所见的奇异壮观景象。

这些熔岩不但记录了6000万年前的地质活动，也记录了当年的气候变迁。从中发掘的化石显示，如今属于温带气候的爱尔兰岛屿，当年也曾有亚热带气候环境。

 小博士多多考考你

1.巨人石道位于何处？

_____

_____

2.在爱尔兰民间传说中，北爱尔兰的巨人石道是怎样形成的呢？

_____

_____

我的小收获

北爱尔兰的巨人石道真的很神奇，它是由一根根六棱柱玄武岩紧密排列成高高低低的大片石梯群，硕大的石柱柱体平整、柱面光滑规则，仿若巨人的管风琴、竖琴、石靴，参差不齐却又井然有序地排列着。这样神奇的景观，完全是因为火山熔岩逐渐冷却而形成的。大自然的力量真是让人惊叹啊！

飞向蓝天的恐龙

课文再现

　　《飞向蓝天的恐龙》是一篇科普文章，主要向人们介绍了科学家们根据研究发现问题，提出的一种假说：鸟类很可能是一种小型恐龙的后裔。证实假说的探索过程，同时向我们开启了一扇探索古生物的科学之门。

小博士多多有话说 <<<<

　　同学们好！我是小博士多多。"进化"是指在生存斗争中，由适应的变异逐渐积累就会发展为显著的变异而导致新物种的形成。达尔文认为，在生物进化中只有渐变，没有飞跃，生物对各种环境变化的适应都是自然选择的结果。

　　其实自然界里有很多生物进化的例子，今天就让小博士我带你们去见识见识吧！

课外链接

长喙鸟与短喙鸟

　　在一个孤岛上生活着一群鸟，它们因有着尖而长的喙，而得名为长喙鸟，它们靠啄食一种蒺藜的果子为生。蒺藜的果子长满了坚硬的刺，只有长喙鸟才啄得开。不过并非所有的喙鸟都有长喙，于是，每年都有很多喙短的鸟因无法啄开蒺藜的果子而饿死。

一只短喙鸟在吃完母亲啄开的最后一颗蒺藜果后，它知道自己面临着生死的严峻考验了。要么选择别的食物，要么就等着饿死。

就在短喙鸟饿得头晕目眩的时候，它啄食了在浅海里游动的一条小鱼，虽然它恶心得想吐，但它还是将那条小鱼吃下去了。慢慢地，短喙鸟觉得小鱼的味道其实比那种蒺藜果的味道还要好。一时间，短喙的鸟纷纷效仿，于是，短喙鸟们就这样生存了下来。而长喙鸟则依然优越地吃着它们认为的天下最美的食物——蒺藜果。

> 物竞天择，适者生存！面对死亡的威胁只有"改变"一途！

鹰

短喙鸟的儿女们的喙更短，为了生存，它们天天去海里捕食。浅海里的鱼吃完了，它们就去深海里捕猎。后来，它们不但吃鱼，只要是能捕获到的动物都成了它们的食物。在捕猎中，它们练就了一张短而有力的喙，还有一对大而强健的翅膀和一双尖利的爪子。

若干年后，短喙鸟成了海上的强者，它的名字叫鹰；而长喙鸟却随着那种蒺藜果的消失而永远消失了。

小博士多多考考你

1.是什么练就了鹰短而有力的喙、大而强健的翅膀和一双尖利的爪子？

_____

_____

2.短喙鸟为什么开始吃小鱼了？

_____

_____

我的小收获

　　自然法则就是"物竞天择，适者生存"，无论是对身体庞大的恐龙，还是对身体小巧的海鸟都是如此。因为一种海鸟的喙短，不选择别的食物就会饿死，偶然间啄食了在浅海里游动的一条小鱼，让它寻找到了生机。慢慢地，它觉得小鱼的味道其实比那种蒺藜果的味道还要好。一时间，短喙的鸟纷纷效仿，于是，短喙鸟们就这样生存了下来。这种逐步进化的现象真是达尔文进化论的最好阐释。

奇妙的进化

海洋生物

　　谁都知道，深海里氧气稀薄，但为了生存，很多动物不得不根据深海里的环境来进化自己：它们尽量减少活动或者干脆不动，长期蛰伏在一处，以减少身体对氧气的需求。所以尽管深海里环境恶劣，但还是有不少动物顽强地生存了下来。最近美国的一家海湾水族馆研究所，由克雷格·麦克莱恩领导的一项研究却发现，生活在深海里的动物渐渐减少的原因，居然不是因为氧气的减少而是因为氧气的增多。

　　在南加州海域，就因为移植了大量含氧海藻，而导致了许多深海动物的消失。人们以为含氧海藻能够改善深海动物的生存环境，没想到，反而害了那些动物。因为含氧海藻是一种能够制造氧气的深海植物，其造氧量是普通海藻的100倍左右。

　　照理来说，增加了氧气的深海对鱼类应该是一件有益的事，可是，那些长期蛰伏于一处不动的深海动物，已经适应了缺氧的环境，突然有新鲜的氧气注入，便容易产生氧气中毒。避免氧气中毒的方法只有一个，那就是迅速改变原有的生活习惯，改静止为动态。只有不停地游动，才能够加速呼吸，让过量的氧气排出体外，这样，过量的氧气不但对它们构成不了威胁，反而会让它们更加具有活力。

> **不适应环境就没法生存啊！**

所以，生活在深海中的动物很快便会分为两种：一种因为无法改变自己原有的"懒散"生活习性而变得无所适从，甚至被"淘汰"了；而另一种则一改往日的静止而快速行动起来，因为适应了由大量氧气注入的新环境而变得"如鱼得水"。

克雷格·麦克莱恩最后得出结论：不是氧气害了那些深海动物，而是它们自己的懒惰习性害了自己。

1.在南加州海域，许多深海动物消失的原因是什么？

_____

_____

2.含氧海藻是一种什么样的深海植物？

_____

_____

我的小收获

进化是每种生物都必须面对的难题。深海生物也不例外。比如说它们为了克服缺氧，会尽量减少活动或者干脆不动，长期蛰伏在一处，以减少身体对氧气的需求。但是当氧气增加时，长期蛰伏于一处不动的深海动物，已经适应了缺氧的环境，突然有新鲜的氧气注入，便容易产生氧气中毒。你可能觉得有点不可思议，但这是科学事实。

琥 珀

课文再现

　　《琥珀》一文通过想象，具体记叙了琥珀的形成过程，使同学们进一步了解了关于化石的科学知识。

小博士多多有话说 <<<<<

　　同学们好！我是小博士多多。通俗地说，化石就是生活在遥远的过去的生物的遗体或遗迹变成的石头。化石中一些生物遗体原来的形态、结构依然保留着；同样，那些生物生活时留下的痕迹也可以这样保留下来。看完琥珀的故事，你是不是对化石充满了好奇呢？让多多给你们讲一些化石发掘的小故事，然后再给你们讲讲更加神奇的化石现象吧！

课外链接

化石猎人在行动

　　Lucky是一个猎人，一个从不带枪，也不打猎的猎人。
　　他把目光投入到地下——神秘的化石就是他的猎物。

没错，他是一名专门寻找化石的化石猎人。

找到一块令人兴奋的化石有时需要几个小时，有时却需要几年。而Lucky坚信，幸运只会降临在像他一样有准备的人身上。

化石猎人攻略1：带足工具

背起背囊，拿上小铁锤和羊毛刷子，Lucky可以开始新的化石探险之旅了吗？

No，no，别急，Lucky说，他要带的不止这些。

化石发掘

Lucky再次检查背包：照相机，在这儿，到时候用它来拍摄记录挖掘的情况；地图、GPS，也在，用它们可以记录化石点的精确位置；指南针，嗯，到了野外可别迷了路；小筛子，可以筛出藏在石头渣里的小化石；护目镜，护目镜？差点忘了带护目镜!没有它，飞溅的小石子随时会对化石猎人的眼睛造成伤害。

万事OK，这下Lucky可以启程啦。临走前还要提醒大家，除了以上这些硬件，一位化石猎人出行时还要带上十足的耐心哟!

化石猎人攻略2：认清岩石

化石猎人可能是一位古生物学家，也可能只是一名单纯的化石爱好者，Lucky属于后者。但Lucky说，不管是谁，要想成为化石猎人，首先得认清楚岩石，这一点不难做到。因为尽管岩石变化万千，但其实都归属于三大类：火成岩、变质岩和沉积岩。

化石虽然埋藏在地下，但地壳的不断运动总会将一些化石"送出"地面。像Lucky这样有经验的化石猎人总会沿着断崖、冲沟和河床跑上跑下，因为这些地方都是被大自然的风化作用破坏后形成的。就像剖开西瓜能清楚地看到里面的瓜籽一样，地层里埋藏的化石也会由于风化作用暴露出地表。

化石猎人攻略3：区分化石和石头

作为一名优秀的化石猎人，Lucky会对那些化石"候选者"望闻问切，也就是利用一些简单的方法，快速地区分出化石和普通的石头来。

望：一般的化石应该有动物骨头的形状、血管的纹路，普通的石头则没有。

闻：把鼻子凑到那块恐龙粪便的化石上闻一闻，看看有什么味道？你也许还能发现这头恐龙当时吃了什么呢。哈，但这还远远不够，专业的化石猎人还会用舌头舔一下石头的断面，如果味道苦涩又有点黏，那就是化石!

没想到吧？中医理论也能用在化石鉴定上面。

问：化石被誉为"会说话的石头"，它将远古生物的故事娓娓地向人们道来。聪明的化石猎人会用巧妙的方法"问"出化石的故事。绝大部分化石的颜色都比石头深。但如果是野外被切开的板状石头，只要看到骨骼印痕，那肯定是化石了。

切：当化石猎人们发现了大量暴露在地表的化石时，绝不是立马上去乱挖一通，而是先根据地理位置判断，这只是几块散化石，还是一具完整骨骼的一小部分。确定目标后就赶紧和化石亲密接触吧。Lucky此时已经开始投入工作了，他先清理了化石周围的浮土，当清理到化石附近时，小锤子、小铲子和小刷子便轮流出动啦。为了防止化石崩裂，他还不断地用专用的渗透胶浇洒在化石上……嘘，别去打扰他，还是悄悄学做一个化石猎人吧。

小博士多多考考你

1.化石猎人行动前要带哪些工具？

_____

_____

2.一位优秀的化石猎人会采用哪些方法区分化石和石头？

_____

_____

_____

我的小收获

这篇文章让我们知道了化石猎人工作时要使用哪些工具，岩石有哪些种类，我们怎样才能认清岩石，我们又怎样去区分化石和石头。知道这些小知识之后，我们也可以做一名业余的小化石猎人，去大自然中探索秘密了。

绚丽石树——化石林

化　石

一根根石化的树干，宛如废墟上的残柱，组成"森林"，就叫做化石林。

世界上最大、最绚丽的化石林集中地是美国的化石林国家公园，它位于亚利桑那州北部的阿达马那镇附近。数以千计的树干倒卧在地面上，平均宽度为0.9~1.2米，长18~24米，最长的达37.5米。在完整的树干周围，还有许多零散破碎的木块。

这些石化的树木，年轮清晰，色彩艳丽，就像大块碧玉与玛瑙之间夹杂着一片碎琼乱玉似的，在阳光下熠熠发光，让人叹为观止。

公园内这样密集的"森林"有6片，最美丽的是彩虹森林，此外还有碧玉森林、水晶森林、玛瑙森林、黑森林和蓝森林。

在这些零星散落的彩色化石林中，有一处景致不可错过，那就是长约200米，名为"蓝色弥撒"的环行路两侧山坡的迷人景色。从路中间向下俯视，蓝紫色的山丘高矮起伏，营造出一种奇异梦幻的色调。

但是不管游客如何喜爱那些琳琅满目的可爱岩片，采撷一两片带回家去却是绝对不允许的。据说，在最早一批探险家发现化石林之前，岩石晶体的颜色还要丰富得多。后来，随着人们纷沓而至，将晶体开采后运出园外，当时一些很常见的颜色，像半透明的紫水晶色、烟白色、柠檬黄色的晶体，现在已经见不到了。

在我国，虽然没有发现过化石林，但有不少的石化木。杭州岳飞墓前的几根"精忠柏"就是石化木。宋代沈括在他的《梦溪笔谈》中也记述过延州（今陕西延安）永宁关发现有"数百茎"石化林木。四川省永川县永沪乡的石松坪小丘上也有不少石松硅化木，主干直径最大的达1.25米，长11.12米。这些硅化木非常坚硬，互相撞击时能发出耀眼的火花。

化石林是由树林演变而成的。它们原是史前林木，约在1.5亿年前的三叠纪被洪水冲刷裹带，逐渐被泥土、砂石和火山灰掩埋。几经地质变迁、沧海桑田、陆地上升，这些埋藏在地下的树干才得以重见天日。可是其木质细胞经矿物填充和代替后发生了矿化作用，又被溶于水中的铁、锰的氧化物染上黄、红、紫、黑和浅灰等颜色。如此日积月累，就成了今天五彩斑斓、镶金叠压的化石树。

> 化石林的形成也是地质演变的结果。

此外，在化石林地区，还发现有陶瓷碎片。据考证，早在公元6~15世纪，就已有从事农业生产的印第安人在此生息。

在"报纸岩"上，游人可以看到许多古印第安人留下的石刻，石刻的内容包括象形文字、大块砂石上雕刻的各种花纹、巨狮石刻以及人形和含有宗教象征意义的图案。此地的居民曾用化石树做成房屋和桥梁。

离玛瑙桥不远有几个瞭望点，极目远望，漫山遍野全是化石树段，不由得让人惊叹大自然的神奇创造力。

小博士多多考考你

1.什么叫做"化石林"？

_____

_____

2.美国的化石林国家公园有哪6片密集的化石林？

_____

_____

我的小收获

　　光看"化石林"三个字，就觉得这是一个美妙而富有诗意的名字。读完全文后，我深刻地感受到了大自然的壮美，那片一亿多年前的古木的神采仿佛就在眼前。化石林，就像一块生命的圣地，一片艺术的海洋，让人为之感叹。

小小资料箱

为什么南极的冰比北极多？

　　南极和北极是地球上最冷的地方，那里寒风呼啸，气温很低，终年冰雪覆盖。而且南极相较于北极更冷，冰川也更多，因为南极地区是一块大陆，储藏热量的能力较弱，夏季获得的热量很快就辐射掉了，结果造成南极的年平均气温只有-56℃。在南极大陆周围的海洋上，漂浮着大量的冰块，形成了巨大的冰山。而相比之下，北极地区陆地面积小，大部分为北冰洋。由于海水的热容量大，能吸收较多的热量，而且热量散发比较慢，所以那里的年平均气温比南极要高，在8℃左右。因此，北极的冰川比南极少，而且绝大部分积存在格陵兰岛上。

P₁ **阿基米德称王冠**

1.因为水中有浮力，浮力会抵消掉一部分重力，因此人就会觉得自己轻了许多。

2.因为金子比银子的密度大，等质量的情况下，密度大的体积就会小一些。

P₃ **铁球为什么不分开**

1.是大气压力。

2.半球中重新拥有空气之后，也就拥有了气压，这气压和外面的气压是相等的，两种压力相互抵消，所以青铜球很容易就能被拉开。

P₅ **回声的妙用**

1.如果我们发声的位置距离障碍物大于17米时，就能产生回声。

2.我们可以利用回声来探测水下目标，利用回声检查产品质量，利用回声诊断疾病，还可以利用回声测量物体的速度等。

P₇ **盲童借回声"看"世界**

1.用的是"回声定位法"。

2.他用舌头发出响亮的"咔嗒"声，依靠声音撞上前方物体后返回的回声在大脑中建立一幅虚拟的景物画面，从而利用回声来达到看"世界"的目的。

P₁₀ **美丽的极光**

1.极光是出现在严寒的极地空气中姿态万千、变幻莫测的炫目之光。它是一种光学现象。

2.处于地球磁极附近有一个美丽的光环，由于朝向太阳的一面被压扁，背向太阳的一面被拉伸，因此呈现卵状，被称为极光卵。

P₁₂ **海市蜃楼**

1.海市蜃楼是由于光在不同密度的空气中传播产生的折射现象。

2.海市蜃楼是光折射产生的光学幻景，不是魔鬼的化身，也不是死亡和不幸的凶兆，更不是所谓的仙境，而是光线折射所出现的某一处景观的虚像。

P₁₅ **怀想蒸汽机车**

1.不是，是英国人理查德·特雷维塞克于1802年左右制造的。瓦特只是改良了蒸汽机车。

2.因为蒸汽机车运用的热效率只有6%左右，加上保养维修量大、污染严重、日运行里程短，因此逐渐被热效率高、运用率高的电力机车和柴油机车取代。

P17 蒸汽推动着火箭

1. 蒸汽机是英国科学家瓦特发明的。进入20世纪后，替代蒸汽机的有电动机、喷气式发动机和原子核发动机等。

2. 钢容器中的水由于受热压力增大，在膨胀喷口形成蒸汽，并高速喷出，蒸汽对钢容器产生的反作用力，就可以用来作为动力。

P19 漫话神奇激光

1. 激光主要有四大特性：高亮度、高方向性、高单色性和能量密度极大。

2.为蔬菜保鲜、育种；做眼科手术，治疗胃结石、胃息肉、肿瘤等。

P21 激光渔场

1.每隔12小时左右往深海发射一束激光脉冲，在激光照射过的水域内，可以圈住大部分鱼；激光束可以促进深海藻类的光合作用，让其能在海底生长繁殖，从而满足鱼的食物供应；鱼卵受

到激光照射以后，孵化率可以提高；鱼受到激光照射后，则能加快生长速度。

2.防止可能发生的赤潮，预防海洋污染。

P23 种子的神奇旅行

1.车前草的种子是被哥伦布和他的队员们粘在鞋底带到美洲的。

2. 随着水稻和谷子的推广种植得以扩大。

P25 自力更生播种的植物

1.靠果实内部浆汁产生压力使果柄脱落，喷射其中的种子来达到传播种子的目的。

2.靠种子外壳上长芒的伸缩运动传播种子。

P27 花儿为什么有不同颜色

1.就是"为什么一种花色素会产生两种不同的颜色"。

2.由于分子联合体的作用，于是不同的花儿产生了不同的颜色。

P29 植物"气象员"

1.运用了拟人和比喻的修辞手法。好处：既形象指出了植物预报天气的神奇功能，又吸引了读者的阅读兴趣。

2.先后介绍了以下9种可以预报天气的植物：南瓜、风雨

草、含羞草、晴雨花、茅草、松树、三色鬼、栗子树、鬼子姜。

P32 ## 识别人脸本领强

1.阿德里安·戴尔认为蜜蜂也具备辨识人脸的天分。

2.原有理论认为，大脑中有一个专门区域对于辨识面孔必不可少，而蜜蜂的大脑不具备这种结构，因此没有辨识面孔的功能。

P34 ## 蜜蜂的欢叫

1.小女孩发现蜜蜂的翅膀并没有振动，却仍然嗡嗡地叫个不停。

2.她善于观察和思考，有一种为探求事实真相而不局限于书本知识的勇气。

P36 ## 欧洲蓝蝶与蚂蚁

1.倘若蓝蝶的幼虫不能慷慨地为蚂蚁们提供蜜露，这种小蚂蚁就很难生存；同时，没有蚂蚁对蓝蝶卵块及其幼虫无微不至的关怀与照顾，蓝蝶的翩翩倩影也很难出现在暖春的晴空里。

2.①蚁王派蚁兵保护蓝蝶的虫卵；②蚁王派工蚁帮助蓝蝶孵化虫卵；③保证蓝蝶幼虫能吃到鲜嫩的树叶；④寒冬来临时，把蓝蝶幼虫搬进自己温暖舒适的蚁穴里。

P38 ## 鲨鱼与向导鱼

1.鲨鱼靠向导鱼领路找食、清洁口腔；向导鱼靠鲨鱼来保护自己，靠鲨鱼吃剩的残屑过日子。

2.是指不同动物以某种或某些互利关系长期生活在一起的现象。

P40 ## 海底活化石——海柳

1.海柳寿命可长达数万年，因此被称为"海底活化石"。海柳在天气变化前，光亮的表面会变得暗淡无光，有潮湿感，天气转晴时又恢复如初，有如"晴雨表"，被当地渔民称为"天然气象台"。

2.有收敛杀菌的功效，是治疗单纯性甲状腺肿大的妙药；鲜海柳叶可治疗高血压；民间用它煲鸡头内服可止血，煮汤吃能治腰痛，效果甚佳。

P42 ## 昆虫活化石——蟑螂

1.它的环境适应能力很强，不吃不喝都能活十多天，就算没脑袋也能活一周左右。

2.不是，蟑螂还可以入药呢。它有通利血脉、养阴生肌、提升免疫力、散结消积、抑制癌细胞等多种功效。

P44　世界上最大的动物

1.在蓝鲸的耳膜内每年都积存有很多蜡，根据蜡的厚度，我们就可以判断它的年龄。

2.蓝鲸栖息的海湾被冲进了丰富的有机质，促进了浮游生物的繁殖，给它提供了丰富的食物；加上它生活在水里，浮力使它减轻了体重的负担，所以蓝鲸才得以发育得这样巨大。

P47　鲸"自杀"之谜

1.当有同伴遇险，其他鲸都会奋力扑救。

2.亿万年的种群生活方式。

P49　重新认识你的指甲

1.是因为早期人类首先捡起石头当工具。

2.它不但能保护人类宽大的指尖，还能充当人体健康的晴雨表，很多疾病都能首先体现在指甲上。

P51　独一无二的指纹

1.可以分为弓形指纹、簸箕形指纹和斗形指纹三类。

2.鉴别罪犯、验证失忆人的身份、查明不明死者的身份。

P53　磁悬浮列车

1.因为它悬在轨道上方行驶，并且整个运行过程是在无接触、无摩擦的状态下实现高速行驶的，感觉就像是在飞行。

2.磁悬浮列车的第一大优点在于维修保养，由于列车行驶过程中无摩擦，列车和轨道几乎没有什么损耗。第二个优点是磁悬浮列车摩擦力小，行驶速度快。第三个优点是噪音小。

P55　别开生面的旅游列车

1.观赏型列车、猎奇型列车、离奇型列车、学校型列车。

2.观赏型列车源于瑞士，猎奇型列车源于肯尼亚，离奇型列车源于日本，学校型列车源于英国。

P57　农作物"渴了"会"呼叫"

1.农作物"渴"了会"呼叫"，靠的是科学家研制出的一种智能芯片。

2.美国西部水资源缺乏促使科学家研制这种用于探知植物需求的智能芯片来节约用水。

P59　用咸水浇灌农作物

1.为了说明在农业上培育出耐盐碱的、能用海水直接浇灌的作物是可行的。

2.可以减少人类对淡水的依赖，保护地球日益短缺的淡水资源。

P62 ## 机器人记者

1.机器人记者可以到那些对于真正的记者来说十分危险的环境中进行采访，并且它的移动速度很快。

2.一条卫星通讯线路。

P64 ## 机器人也有代沟

1.第一代机器人即诞生于20世纪60年代的自动化机器；第二代机器人诞生于20世纪70年代，已有了各种感觉器官，但是它们的智力还是很差的；第三代机器人是智能机器人。这三代机器人"三代同堂"。

2.具有独立判断和行动的能力，更主要的是有了记忆，会自己思考、推断和决策，因而能完成更加复杂的工作，还能与人进行对话。

P66 ## 地雷探测草

1.价格昂贵，效率低下，而且很危险。

2.埋藏在地下的地雷中的炸药会慢慢泄漏到土壤中，被细菌分解释放出二氧化氮，转基因拟南芥长在这样的土壤中，叶子就会由绿色变成红色，从而起到探测地雷的作用。

P68 ## 克隆，克隆

1.克隆羊的产生使很多人相信，不久的将来，克隆人也是可能出现的。

2.克隆人的弊端是可能会导致不必要的混乱和争端，好处是可以让更多人拥有属于自己的宝宝，还可以通过克隆器官挽救很多人的生命。

P72 ## 能自我清洁的玻璃

1.能够借助自然的力量进行自我清洁。

2.在强烈的氧化还原反应下，产生负氧离子和氢氧自由基，用来分解表面的污垢。

P74 ## 防弹玻璃为什么不碎

1.在一定温度和压力下，由坚韧的塑料内层将两片玻璃粘结而成，也称为夹层玻璃或胶合玻璃。塑料内层可以吸收冲击和爆炸过程中所产生的部分能量和冲击波压力，即使被震碎也不会四散飞溅。

2.具有良好的安全性、抗冲击性和抗穿透性，具备防弹、防爆功能。

P76 ## 吸尘器的发明

1.采用"吹"的办法清扫垃

坂，而不是吸入。

2. 体积过大，还要用汽油发动机来驱动，而且噪音很大。

P78 从爆米花到微波炉

1. 探测高速运动的物体；发明了雷达。

2. 珀西·斯潘塞；玉米种子体内的水分子在吸收微波后，立即产生高频振动和剧烈摩擦，温度迅速升高，就变成了爆米花。

P80 热气球史话

1. 是一种热气球；是靠上升的松烟托起升空的。

2. 1783年。

P82 莱特兄弟发明飞机

1. 是小时候父亲送给他们的一个能飞行的玩具。

2. 不断地思考、观察、反复试验。

P84 计算机老师

1. 主要写了"计算机老师"三个方面的表现：一是在语文课上的表现；二是在操场上指导同学们进行训练；三是详细记录同学们在学校的各种表现。

2. ①"计算机老师"只能在课堂上对同学们进行指导；②同学们有心事的时候，"计算机老师"

就显得力不从心；③如果同学们发生打架、吵架等事件，"计算机老师"也不能及时地制止……

P87 电脑争夺战

1. 作者：要用电脑查资料；妈妈：要用电脑练习打字；爸爸：要用电脑开发票。

2. 答案示例：停电让所有人的计划都落了空，接下来故事会怎样发展呢？这个结尾给读者留下了充分的想象空间，也增添了文章的情趣。（答案合理即可）

P89 电脑急转弯

1. 指作者在使用拼音输入法打字时，电脑总显示出一些同音的其他词语，并且这些词语引发了作者奇妙的联想。

2. 联想合理即可。

P92 电脑时代

1. 作者着急取钱买电脑配件去医院修电脑，但由于银行电脑出现了故障，取不出钱；博士着急治好头痛去银行修电脑，但由于医院电脑出现了故障，没法检查确诊。

2. 因为他们二人的难题互为因果，循环往复，因此很难分清哪一个更重要。

P94 **计算机放牧**

1.把微小的遥控话筒安置在牛的左右耳背后，牛对像小鸟尖叫似的模拟声音最为敏感，操作时，只需使牛耳背后的话筒发出声响，牛就会向左或向右转身。

2.①迅速筛选出健康状况较差的羊，给它们额外的食物；②根据羊毛的质量将羊群分组；③及时了解哪只羊羔已经可以出售；④及时了解水槽是否已干；⑤随时了解羊毛厚度是否已达到标准。

P96 **盲人计算机**

1.充分考虑了盲人主要通过听觉和触觉认知世界的特点。

2.运用了反问的修辞手法。寄托了作者希望"盲人计算机"能够改变所有盲人孩子的一生的愿望。

P98 **新型电脑的自述**

1.多媒体技术和互联网技术。

2.所谓多媒体技术，就是把传递信息的文字、图像、声音、图形等多种媒体集成一体的处理技术。

P100 **互联网：一个真实的世界**

1.为了说明病情的严重，这样更能突出互联网信息的重要性。

2.可以帮作者传递信件、稿件、信息，而且当作者在写作中遇到某些模糊的年代和人名时，不必去翻书，上网一查就清楚了。

P103 **给下一代互联网画像**

1.更广、更快、更安全、更及时、更方便。

2.答案示例：①支持大规模科学计算，实现网络之间大容量、高可靠性的数据传输；②支持大规模视频会议、高清晰度电视；③实现真正的远程教育。

P106 **宇航员的"金钟罩"**

1.是来自宇宙射线中的高能粒子辐射。

2.它具有轻质和富含氢的优点，能有效吸收宇宙辐射。

P109 **太空旅行**

1.指太空游客不仅可以观赏太空旖旎的风光，同时还可以体验失重的感觉。

2.示例：在太空旅行的过程中，游客的身体必须经受得起火箭起飞时的巨大噪音、振动、过载等种种考验，还必须能够耐受强辐射、长时间失重等状况。这些都要求游客有一个健康的身体。

P111 **日食是怎样产生的**

1.日食可以分为日偏食、日全食、日环食。

2.①日食总是发生在朔日（农历初一）。②太阳和月球都移到白道和黄道的交点附近，太阳离交点处有一定的角度。

P113 为什么会出现月食

1. 此时太阳、地球和月亮大致在一条直线上。

2. 这是由于太阳光在通过地球的稀薄大气层时受到折射进入本影，投射到月面上，令月面呈红铜色。

P116 "神舟三号"上的乌鸡蛋

1. 受到搭载重量的限制。

2. 22天。

P118 动物航天

1. 替代人体，从分子、细胞和组织水平上了解航天对人生理系统的影响。

2. 原因主要有以下几个方面：①航天员人数有限，他们在飞行中任务繁忙，不可能进行很多医学实验；②航天飞行中对人体的实验条件很难控制；③使用动物开展实验，是为了保证人的健康与安全。

P120 太空垃圾勤清扫

1. 指能够清除太空垃圾的各种航天器。

2. 文中一共介绍了四种"太空清洁工"，它们分别是：空间工友、激光扫帚、太空风车、太空牧羊犬。

P122 小·东西，大威胁

1. "小东西"指那些完成了历史使命而因为无法回收被废弃在太空中的航天器。因为它在太空中运动的速度非常快，产生的冲击力很大，因而对正常工作的航天器存在巨大的威胁。

2. 每昼夜都要有一次稍微偏离航线的飞行。

P125 地球身披五个圈

1. 它们发生在地球大气圈的对流层内。

2. 生物圈。

P128 地球的演变与生命诞生

1. 高温岩浆喷发释放出来的水蒸气、二氧化碳等气体。

2. 按照从低级到高级，从简单到复杂的方向进化的。

P130 派个"卧底"去火星

1. 极端微生物指的就是那些生活在高温、高盐、高酸、高辐射等极端环境中的生命形式。

2. 索尔库里沙漠。

P133 **探测火星生命之旅**

1.因为火星上有水存在，而水是生命诞生的源泉。

2.不仅有助于人类挑选未来登陆火星的位置，而且有助于寻找火星上的生命迹象。

P136 **未来的月球生活**

1.因为地球上有七个大洲，如果移民月球的愿望能够实现，人类就多了一个可以居住的大洲，所以是"第八洲"。

2.它所产生的能量比氕大得多，并且它在反应炉中产生的废料辐射量极低，可以埋藏在较浅的地层下而不会污染环境。

P139 **月球上那些事儿**

1.因为早在31亿年之前，月球内部的能量就已近衰竭，它只是按照天体的运动规律，不停地自转和围绕地球公转，自身已经没有了活力和生机。这里运用了比喻的修辞手法。

2.因为月球没有大气层的保温和传导作用。

P141 **气象变化和人工降雨**

1.不是，是物态变化过程，即发生的是物理变化。

2.空中作业和地面作业。空中作业是用飞机在空中播撒催化剂；地面作业是利用高炮、火箭从地面发射炮弹在云中爆炸，把炮弹中的碘化银燃成烟剂撒在云中。

P143 **"定风丹"——树木自备"贮水器"**

1.吸水量大，保水性强，即使在受热、加压条件下也不易失水，对光、热、酸、碱的稳定性好，具有良好的生物降解性能，无毒无污染。

2.①成本低；②变被动吸水为主动储水。

P145 **野外迷路，牛当"指南针"**

1.指动物利用地球磁场来寻找方向的生理特点。

2.是因为地球磁场的缘故。

P147 **迷路自救**

1.①不能将自己所处的位置同一些确知的因素联系在一起并用作向导。②缺乏观察力和较系统的离开与返回预定基地的野游知识。

2.因为在雾中能见度很低，只能走近一个目标之后，才能看到下一个目标。只有这样不断朝着一个个目标前进，才不至于偏离方向。

P149 ## 长江断流之谜

1.长江下游江苏泰兴段。

2.因为哑巴汪村所处地下深处有大大小小纵横交错的地下河水网，地下水脉辐射的能量较之宇宙射线强度大好几倍，因此造成了青蛙变哑这种现象。

P152 ## 重视一棵树的命运

1.因为生态环境不好，就像生活在沙窝子里，几十年几代人种树，才使环境得到明显的改善，他们在树的身上投入了太多的心血，知道树木的重要性。

2.要爱护树木，爱护自然界中的生命。

P154 ## 灰尘的学问

1.可吸入颗粒物。

2.能够透过肺泡、毛细血管进入血液，它们表面常常聚集着各种有毒有害物质，这些有毒有害物质中，不少是有致癌性的，它们随血液循环进入人体，会引起呼吸道感染，进而引起并发症。

P156 ## 一粒灰尘改变了人类

1.英国的亚历山大·弗莱明。

2.青霉素的问世，从死神手里夺回了成千上万人的生命，奇迹般地延长了人类的平均寿命。

直到今天，它仍是应用最多、最广的抗菌素。

P158 ## 苍蝇与宇宙飞船

1.因为凡是腥臭污秽的地方，都有它们的踪迹。

2.小型气体分析仪。

P160 ## 从萤火虫到人工冷光

1.是动物发出的光，因为它具有只发光不发热的特点，所以被称为"冷光"。

2.萤火虫的发光细胞中含有荧光素和荧光酶两种物质。在荧光酶的作用下，荧光素在细胞内水分的参与下，与氧化合便发出荧光。受到萤火虫的启发，人们发明了日光灯，人工合成了荧光素和生物光源。

P162 ## 避雷针的变迁

1.出现在三国和南北朝时期。

2.当建筑物上空出现强雷云的时候，它发出电晕火花中和天空电流，起到消减雷击的作用；万一雷击下来，半导体消雷器上的装置可以把雷击放出的强大电流阻挡住。

P164 ## 雷电的利用

1.雷电产生的高温使空气中

的氧气和氮气化合成二氧化氮，二氧化氮溶解在雨水里变成硝酸，再与土壤中的物质化合变成硝石，就成了很好的肥料。

2.需要考虑四个方面的问题：①跨步电压的时间；②削去峰值；③限制雷电流；④极性自动转换。

P167 鸟儿"气象员"

1.乌鸦为了保护羽毛，总是让风顺着羽毛吹。人们根据乌鸦的这种习惯，可以准确判断风向。

2.当燕子低飞时，就是在向人们预报，天要下雨了。

P169 看云识天气

1.因为天上挂什么云，就将出现什么样的天气，所以说云就像天气的"招牌"。这里运用了比喻的修辞手法。

2.先后介绍了卷云、卷积云、积云、高积云、卷层云、高层云和雨层云这七种云，其中卷层云、高层云和雨层云预示着雨雪天气的到来。

P171 螳螂的"瞄准仪"

1.复眼和感觉丛毛。

2.作用有两个。一是以生动的描写，吸引读者的阅读兴趣；二是突出螳螂身手的敏捷，为介绍下文的知识做好了准备。

P173 电鱼与伏打电池

1.电鳐、电鲶和电鳗。放电能力最强的要数一种南美洲电鳗。

2.电鱼体内有一种由许多叫电板或电盘的半透明的盘形细胞构成的发电器官。

P175 美丽生灵的凄凉挽歌

1.因为人类的捕杀。

2.因为人们以拥有多多益善的牛角为荣，热衷于搜集牛角并镶上银边，用作筵席的饮具，捕杀原牛成为家常便饭。

P178 拿什么拯救你，消融的冰川

1.逐渐变暖的气候使冰川和海洋冰面消融，冰水流入海洋导致海平面上升。

2.可再生能源指人类取之不尽、用之不竭的能源。文中提到的太阳能、风能、生物质能和地热能，都属于这种能源。

P181 岩石究竟有多老

1.可以分为岩浆岩、沉积岩和变质岩三种。

2.是冀东地区的花岗片麻岩，其年龄约为35亿年。

P183 **请问地球你多大**

1.岩石。

2.因为科学家可以通过化石来了解史前世界，推断出地球的演变。

P186 **是谁发现了恐龙**

1.曼特尔夫人。

2.通过与鬣蜥的牙齿相对比，发现两者非常相似，便推断这些化石属于一种与鬣蜥同类、但是已经灭绝了的古代爬行动物。

P188 **恐龙颜色之谜**

1.恐龙和鸟类一样，为了结识和亲近异性的恐龙，就必须把自己装扮得醒目诱人，而鸟的冠和脖子一般都是色彩鲜艳的，所以恐龙身体的这些地方也应该是色彩鲜艳的。

2.所以恐龙没有鲜艳的颜色。（意思接近即可）

P191 **神奇的尼亚加拉瀑布**

1.尼亚加拉瀑布位于加拿大和美国交界的尼亚加拉河中段。

2.从50多米的高处直冲而下，发出震耳欲聋的轰鸣，气势有如雷霆万钧，溅起的浪花和水汽，有时高达100多米。

P193 **巨人石道**

1.巨人石道位于北爱尔兰东北部海岸一带。

2.在爱尔兰民间传说中，巨人芬恩因爱慕住在对岸的苏格兰岛上的女巨人，所以修筑了横跨海峡到苏格兰的巨人石道。

P195 **长喙鸟与短喙鸟**

1.为了适应捕食动物的需要。

2.它面临着生死的严峻考验，要么选择别的食物，要么就等着饿死。

P197 **奇妙的进化**

1.大量含氧海藻的移植，导致了深海动物氧气中毒。

2.含氧海藻是一种能够制造氧气的深海植物，其造氧量是普通海藻的100倍左右。

P199 **化石猎人在行动**

1.照相机、地图、GPS、指南针、小筛子、护目镜。

2.望、闻、问、切。

P202 **绚丽石树——化石林**

1.一根根石化的树干，组成"森林"，就叫做"化石林"。

2.最美丽的是彩虹森林，此外还有碧玉森林、水晶森林、玛瑙森林、黑森林和蓝森林。